부모의 감정 어휘력

일러두기

1. 이 책은 어휘의 여러 뜻 중 '부모의 감정 어휘력'이라는 주제에 맞는 의미만을 추려 담아 이에 저자의 의견을 덧붙이는 방식으로 내용을 정리했다.

2. 책에서 소개하는 어휘 대부분은 국립국어원 표준국어대사전의 사전 정의를 기준으로 그 의미를 설명한다. 그러나 표준국어대사전에 등재되어 있지 않은 일부 표현은 일반적으로 통용되는 의미를 가져왔다.

아이의 감정은 선명하게 밝혀 주고
부모의 말은 풍성해지는 102가지 마음의 언어

부모의 감정 어휘력

김종원 지음

카시오페아
Cassiopeia

프롤로그

부모가 표현하는 감정의 세계만큼 아이의 마음의 크기도 넓어집니다

한 아이가 친구와 놀이터에서 놀고 있습니다. 그런데 그네를 빨리 타고 싶어 뛰어가던 친구가 아이를 밀치고 그네를 먼저 차지해 버렸습니다. 아이는 바닥에 넘어져 아프기도 하고 그네를 빼앗겨 서러운 마음에 눈물도 납니다. 부모 역시 아이가 다쳐 화가 나고 남의 아이를 다그쳐야 하는 곤란한 마음도 들었죠. 이때 부모는 아이를 밀친 친구에게 다가가 말합니다. "네가 먼저 실수를 했으니까, 가서 미안하다고 사과를 하는 게 좋겠지?" 친구가 사과를 하면, 아이에게도 이렇게 이야기합니다. "친구가 먼저 사과했으니까 너도 이제 그만 울고 용서하는 거야.", "자, 이제 서로 사과하고 용서했으니까 화해한 거야. 둘이 악수하고 다시 아까처럼 즐겁게 놀자!" 그런데 이 말은 아이의 귀에 이렇게 들립니다. '친구가 사과했으니까 됐어. 네 감정은 깨끗하게 지워. 혼나기 싫으면 아까처럼 놀아.'

　많은 부모님들이 사과도 했고 용서도 했으니, 당연히 화해까지 해야 한다고 생각합니다. 그런데 용서하는 마음과 화해하는 일은 전혀 다릅니다. 용서는 상대가 지은 죄나 잘못한 일에 대하여 벌하지 않고 덮어 주는 마음입니다. 화해는 안 좋은 감정을 깨끗하게 풀어 없앤 상태를 의미합니다. 용서는 할 수 있어도, 화해는 참 쉽지 않습니다. 넘어져서 아프고, 다쳐서 서럽고, 그네를 먼저 타지 못해 속상하고, 자신을 배려하지 않은 친구에게 화가 나는 그 복합적인 분노와 슬픔의 감정을 해결한 후에야 가능한 일이죠.

　아이의 감정을 헤아리며 제대로 말하는 일은 정말 중요합니다. 모든 부모가 같은 마음입니다. 아이에게 생긴 문제를 지혜롭게 해결하고 싶고, 내가 아이를 얼마나 사랑하고 아끼는지 그 마음도 전하고 싶죠. 하지만 내가 품고 있는 마음을 아이에게 전하려면 감정 어휘를 잘 알고 있어야 합니다. 내 입에서 나온 '사랑'이라는 글자가 아이의 마음에 도착하지 않는다면, 그 사랑은 허공에서 사라질 테니까요.

지난 20년의 경험과 깨달음을 모두 쏟아 《부모의 어휘력》을 출간한 이후, 저는 또 한 가지 중요한 사실을 여러분께 전하고자 합니다. 부모가 아이에게 정확하게 말하려면, 부모 자신도 지금의 감정이 어떤 상태인지, 그리고 아이에게 그 감정을 어떻게 설명해야 하는지를 정확히 알아야 한다는 것을 말이죠. 모든 감정은 아이의 마음에 도착할 수 있게 해야 합니다. 부모가 표현하는 감정의 세계가 곧 아이의 마음의 크기에 영향을 미치기 때문입니다. 감정을 지혜롭게 다룰수록 아이의 가능성은 더욱 자라납니다.

자, 다시 아이의 이야기로 돌아가서 여러분께 하나 묻고 싶은 게 있습니다. 감정을 어루만질 줄 아는 부모는 울고 있는 아이에게 어떻게 말할까요?

"진심으로 사과하는 친구를 용서한 네 선택이 참 멋지다.
하지만 화해는 당장 하지 않아도 괜찮아.
네 마음이 다 풀리면 그때 해도 늦지 않으니까."

"누구나 실수할 수는 있어.
하지만 먼저 사과하는 건 정말 용기 있는 일이니까,
친구의 마음도 이해해 주자."

어떤가요? 방향은 같지만 느낌은 전혀 다릅니다. 지금 아이의 마음을 살펴 주세요. 자신이 얼마나 속상했는지, 왜 그런 감정이 생겨났는지, 아이가 감정을 어떤 어휘로 표현하고 있는지를요. 감정을 선명하게 표현할 줄 아는 부모에게서 자란 아이들의 세상은 더 깊고 넓고 클 테니까요.

이 책을 잘 활용하는 법

이 책은 에너지와 기분의 정도에 따라 감정 어휘 102개를 크게 4가지로 나누어 4장으로 구성하였습니다.

- 아이의 하루가 더욱 신나고 즐거워지는 감정 어휘
- 화나고 불편한 기분을 정확히 이해하게 해 주는 감정 어휘
- 어둡게 가라앉은 아이의 마음을 다독여 주는 감정 어휘
- 마음이 단단하고 다정한 아이로 자라나게 해 주는 감정 어휘

우선, 다음의 감정온도판을 참고해 부모와 아이의 감정이 지금 어디쯤 와 있는지 확인하며 읽어 주세요.

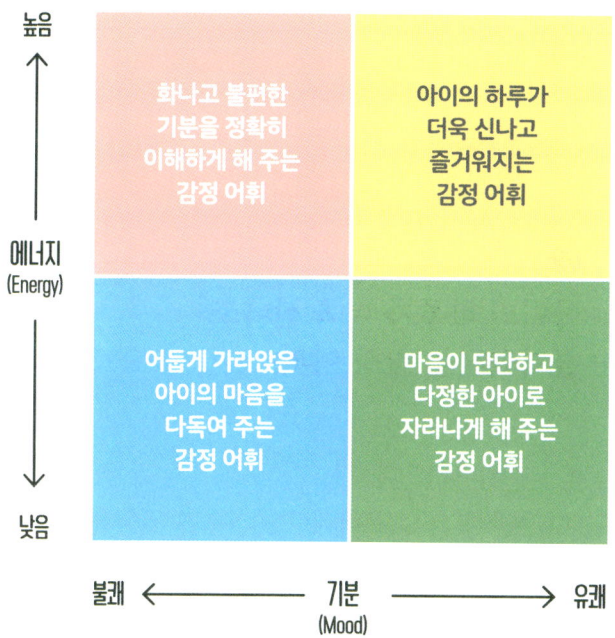

또 감정 어휘가 여러분의 언어가 될 수 있도록 필사 페이지를 담았습니다. 알게 된 감정 어휘를 일상에서 활용하고 대화 예시문을 직접 따라 쓰며 자신만의 언어로 만들어 보세요.

차례

프롤로그   4
부모가 표현하는 감정의 세계만큼 아이의 마음의 크기도 넓어집니다

이 책을 잘 활용하는 법   8

1장
아이의 하루가 더욱 신나고 즐거워지는 감정 어휘

- 긴장되다 : 기대되다   16
- 씩씩하다 : 열정적이다   22
- 기쁘다 : 즐겁다   28
- 재미있다 : 짜릿하다   34
- 버겁다 : 벅차다   40
- 침착하다 : 감탄하다   46
- 얼떨떨하다 : 감격하다   52
- 자부하다 : 자만하다   58
- 소름 돋다 : 경이롭다   64
- 떳떳하다 : 자신만만하다   70
- 우쭐하다 : 의욕이 넘치다   76
- 뿌듯하다 : 대견하다   82
- 대담하다 : 대범하다   88

2장
화나고 불편한 기분을
정확히 이해하게 해 주는 감정 어휘

- 괴롭다 : 답답하다 — 96
- 밉다 : 얄밉다 — 102
- 조마조마하다 : 허탈하다 — 108
- 찜찜하다 : 부담스럽다 — 114
- 무섭다 : 두렵다 — 120
- 짜증 나다 : 심술부리다 — 126
- 자격지심 : 열등감 — 132
- 민망하다 : 난처하다 — 138
- 갈등하다 : 갈망하다 — 144
- 경멸하다 : 증오하다 — 150
- 절박하다 : 조급하다 — 156
- 겁나다 : 주눅 들다 — 162
- 진정하다 : 억누르다 — 168
- 수치스럽다 : 창피하다 — 174
- 절망하다 : 실망하다 — 180
- 야속하다 : 원망하다 — 186

3장
어둡게 가라앉은 아이의 마음을 다독여 주는 감정 어휘

- 슬프다 : 서럽다　　　　　　　　194
- 우울하다 : 불안하다　　　　　　200
- 아쉽다 : 서운하다　　　　　　　206
- 애매하다 : 미적지근하다　　　　212
- 허전하다 : 허무하다　　　　　　218
- 안쓰럽다 : 불쌍하다　　　　　　224
- 심심하다 : 지루하다　　　　　　230
- 무관심하다 : 무심하다　　　　　236
- 불행하다 : 비참하다　　　　　　242
- 막막하다 : 안타깝다　　　　　　248
- 속이 타다 : 염려하다　　　　　　254
- 냉소적이다 : 냉정하다　　　　　260

4장
마음이 단단하고 다정한 아이로 자라나게 해 주는 감정 어휘

- 미안하다 : 감동하다 268
- 용서하다 : 화해하다 274
- 행복하다 : 만족하다 280
- 고맙다 : 감사하다 286
- 다정하다 : 친절하다 292
- 태평하다 : 여유롭다 298
- 포근하다 : 든든하다 304
- 산뜻하다 : 홀가분하다 310
- 뭉클하다 : 흐뭇하다 316
- 소망하다 : 염원하다 322

1장

아이의 하루가
더욱 신나고 즐거워지는
감정 어휘

긴장되다 : 기대되다

긴장되다 「동사」마음을 조이고 정신을 바짝 차리게 되다.
기대되다 「동사」어떤 일이 원하는 대로 이루어지기를 바라면서 기다리게 되다.

　새 학기가 시작되면 기대하는 마음과 긴장하는 마음이 공존합니다. 또 새로운 사람을 만날 때, 발표나 공연과 같은 일로 새로운 환경에 놓일 때, 우리의 마음은 기대와 긴장으로 무척 떨리죠. 그런데 여기서 한 가지만 생각해 봅시다. 우리가 긴장과 기대를 함께 느끼는 이유는 뭘까요? 일단 새로운 사람에 대한 호기심이 커졌기 때문입니다. 그리고 새로운 일, 새로운 곳에 대한 희망과 바람으로 가득한 상태라서 그렇죠. 이 두 감정은 아이들의 지성을 확장하는 데 꼭 필요하다고 생각하는 표현이라서 제가 각별히 좋아합니다. 아이들의 지성을 확장하는 데 꼭 필요하다고 생각하는 표현이기도 하고요. 두근두근하며 긴장이 된다는 건 그만큼 희망을 가득 담아서 무언가를 기대하고 있다는 기분 좋은 신호입니다. 아름답게 성장해야 할 아이들에게 새로운 일을 기대하는 마음은 아주 긍정적인 영향을 줍니다.

일상 활용법

중요한 건 두 감정을 이야기할 때 순서가 있다는 점입니다. 아이가 새로운 환경에 놓일 때마다 혹은 신학기에 새로운 친구와 선생님을 만날 때마다, 부모가 "신학기라서 엄마까지 긴장이 되네."라고 먼저 말하면 아이는 어떨까요? 괜찮았다가도 마음이 갑자기 불안해지거나 주눅 들게 됩니다. 하지만 반대로 "신학기라서 오늘 더 기대된다."라는 말을 들려주면 어떨까요? 이번에는 불안한 마음이 들었다가도 기대하게 될 것입니다. 긴장이 된다는 건 물론 기대하기 때문이지만, 이 말을 아이 삶에 제대로 적용하려면 기대하는 마음이 먼저 들도록 도와주어야 합니다. 그냥 긴장만 하는 것과 기대되는 게 있어서 긴장하는 건 전혀 다르니까요. 다음의 예시를 참고하여 아이와의 대화에서 응용해 주세요.

"네가 그동안 열심히 공부했으니 긴장되는 거야. 기대하는 목표가 있으면 사람은 정신을 바짝 차리게 되거든."

"새 학기에 긴장하는 건 당연한 거야. 새로운 친구와 선생님을 만나는 게 기대되는 만큼 긴장도 하게 되는 거니까."

"다음날 중요한 일이 있으면 긴장돼서 잠이 잘 안 오지. 내일 좋은 일이 생길 거라고 믿고 기대하며 잠들면 돼."

"한 번도 안 해 봤던 일이라 더 기대되지? 그럴 땐 오히려 기분 좋을 만큼 긴장하게 되더라."

필사하며 마음에 새기기

"네가 그동안 열심히 공부했으니
긴장되는 거야. **기대하는** 목표가 있으면
사람은 정신을 바짝 차리게 되거든."

"새 학기에 **긴장하는** 건 당연한 거야.
새로운 친구와 선생님을 만나는 게
기대되는 만큼 긴장도 하게 되는 거니까."

"다음날 중요한 일이 있으면 **긴장돼서**
잠이 잘 안 오지. 내일 좋은 일이 생길 거라고
믿고 **기대하며** 잠들면 돼."

"한 번도 안 해 봤던 일이라 더 **기대되지**?
그럴 땐 오히려 기분 좋을 만큼 **긴장하게** 되더라."

씩씩하다 : 열정적이다

씩씩하다　「형용사」 굳세고 위엄스럽다.
열정적　「명사」 어떤 일에 열렬한 애정을 가지고 열중하는 것.

　하루를 신나게 보내는 아이들을 보면 이런 공통점을 찾을 수 있습니다. 같은 활동을 해도 다른 아이들보다 표정이 밝고 무엇이든 적극적으로 한다는 사실이죠. 언제나 마음속에 열정이 가득합니다. 상황이나 환경을 바꾸지 않고 스스로를 변화시키는 방식으로도 하루가 충분히 달라질 수 있다는 사실을 아는 듯 말이지요. 열정적인 아이들, 다시 말해 어떤 일이든 열렬한 애정을 가지고 척척 해내는 아이들은 대개 씩씩한 태도를 보입니다. 씩씩한 표정을 짓고, 씩씩하게 말하다 보면 자신도 모르게 열정적인 마음이 샘솟죠.

모든 부모는 아이를 응원하고 사랑해 주고픈 마음이 있습니다. 그런데 사실 가장 중요한 건 표현입니다. 아이가 보내는 하루를 좀 더 신나고 열정적으로 만들어 주고 싶다면, 의식적으로 "너 정말 씩씩하다.", "그렇게 씩씩하게 말하니 멋져!"와 같은 표현을 자주 들려주어야 합니다. 이를 통해서 자신의 하루가 얼마나 특별할 수 있는지 깨닫게 될 거예요.

일상 활용법

태도와 결과라는 시선으로 바라보면 좀 더 쉽게 이해할 수 있습니다. '씩씩하다'라는 말은 어려운 일을 마주

하는 자세를 나타냅니다. '굳세고 위엄스럽다'라는 사전 정의처럼, 새로운 것을 두려워하지 않고 자신이 하는 일에 자연스럽게 의미를 부여하죠. 반면, '열정적이다'라는 말은 어떤 일에 대한 강한 의지와 집중력을 가진 상태를 말합니다. 열정적인 마음은 아이가 씩씩한 태도로 무언가를 시작했을 때 만날 수 있는 결과입니다. 아이가 주저하지 않고 용기를 내는 순간, 그 안에서 열정의 불씨가 생겨나는 것이지요. 감정은 고정된 것이 아닙니다. 상황을 받아들이는 방식과 부모의 표현에 따라 생겨나기도 하고 바뀌기도 합니다. 지금 아이의 감정에 집중하는 것도 중요하지만, 좋은 감정이 생겨날 수 있도록 돕는 일도 필요합니다. 다음 예시를 통해서 이를 어떻게 아이에게 전할 수 있는지 확인해 보세요.

"자신이 없을 땐 표정을 씩씩하게 바꾸는 것만으로도 자신감을 가질 수 있어."

"네가 세운 방학 계획만 봐도 공부에 대한 열정이 느껴진다."

"사소하게 느껴지는 일도 열정을 갖고 시작하면 멋진 결과를 얻을 수 있게 돼."

"어려운 일도 계속 씩씩하게 해내다 보면 재미있게 느껴지는 순간이 찾아와."

필사하며 마음에 새기기

"자신이 없을 땐 표정을 **씩씩하게** 바꾸는
것만으로도 자신감을 가질 수 있어."

"네가 세운 방학 계획만 봐도
공부에 대한 **열정**이 느껴진다."

"사소하게 느껴지는 일도 **열정**을 갖고 시작하면
멋진 결과를 얻을 수 있게 돼."

"어려운 일도 계속 **씩씩하게** 해내다 보면
재미있게 느껴지는 순간이 찾아와."

1장: 아이의 하루가 더욱 신나고 즐거워지는 감정 어휘

기쁘다 : 즐겁다

기쁘다 「형용사」 욕구가 충족되어 마음이 흐뭇하고 흡족하다.
즐겁다 「형용사」 마음에 거슬림이 없이 흐뭇하고 기쁘다.

 무슨 일이든 긍정적인 마음으로 하는 사람은 이길 수가 없습니다. 당연히 아이가 가진 가장 큰 경쟁력은 어떤 일이 주어져도 긍정적으로 임하는 마음가짐에 있겠죠. 독서, 공부, 글쓰기 등 아이 삶에 꼭 필요한 것들을 웃으며 하는 아이의 모습을 상상해 보세요. 상상만으로도 부모의 마음은 한없이 행복해집니다. 그런 아이로 키우고 싶다면 이 글을 집중해서 읽어 주세요.

이번 단어의 핵심은 감정의 지속성에 있습니다. '기쁘다'라는 말은 대개 순간적인 감정을 표현할 때 사용합니다. 그래서 주로 정신적인 상태나 심리를 나타낼 때 말하죠. 하지만 '즐겁다'라는 표현은 지속적으로 이루어지는 감정의 상태를 말합니다. 외적인 경험이나 자극을 표현할 때 주로 사용하죠. 순간적으로 느끼고 지나가는 감정과 시간을 두고 천천히 느끼는 감정이 서로 다르다는 사실을 아이에게 알려 주려면, 이 단어를 구분해서 사용할 수 있어야 합니다.

일상 활용법

다시 이어서 말하자면 일상의 기쁨을 자주 느끼는 아이일수록 즐거움을 느낄 줄도 압니다. 길에서 우연히 아는 친구를 만났을 때 우리는 '즐겁다'가 아닌 '기쁘다'라는 말을 선택해서 이렇게 말합니다. "길에서 우연히 만나니 기쁘다." 순간적인 정신이나 심리 상태를 표현할 때는 이렇게 기쁘다는 말을 사용하죠. 하지만 그 친구와 함께 여행을 떠나면 이야기가 달라집니다. 여행 도중 서로에게 감상을 물을 땐 이렇게 '즐겁다'라는 말로 대화를 하게 되죠. "네 덕분에 이번 여행이 더 즐겁다." 이처럼 즐겁다는 말은 외적인 경험이나 지속적인 자극을 표현할 때 사용합니다. 기쁨이라는 수많은 점이 모이면 즐거움의 선이 됩니다.

"친한 친구를 길에서 우연히 만나면 기쁘지."

"친구와 함께 놀이터에서 해가 질 때까지 놀면 얼마나 즐거울까?"

"이번 겨울에는 어디로 여행을 가면 더 즐거울까? 그날을 기다리는 이 순간이 참 기쁘다."

"배움의 기쁨을 매일 경험한 사람은 즐겁게 공부하고 독서하는 방법을 스스로 터득하게 돼."

필사하며 마음에 새기기

"친한 친구를 길에서 우연히 만나면 **기쁘지**."

"친구와 함께 놀이터에서 해가 질 때까지 놀면
얼마나 **즐거울까**?"

"이번 겨울에는 어디로 여행을 가면 더 **즐거울까**?
그날을 기다리는 이 순간이 참 **기쁘다**."

"배움의 **기쁨**을 매일 경험한 사람은
즐겁게 공부하고 독서하는 방법을
스스로 터득하게 돼."

재미있다 : 짜릿하다

재미있다 「형용사」 아기자기하게 즐겁고 유쾌한 기분이나 느낌이 있다.
짜릿하다 「형용사」「2」 심리적 자극을 받아 마음이 순간적으로 조금 흥분되고 떨리는 듯하다.

　재미는 누군가 선물처럼 줄 수 있는 게 아니라 스스로 발견하고 찾아내야 하는 매우 주관적인 감정입니다. 그래서 모든 사람에게 공평하죠. 환경이나 부의 크기와는 전혀 상관없이 일상의 사소한 부분에서라도 마음만 있으면 누구든 손에 잡을 수 있는 아름다운 감정이니까요.

한편, 짜릿함은 어려움도 즐겁게 받아들일 수 있게 해 주는 놀라운 감정입니다. 아이가 힘든 일이나 실패의 순간을 겪을 때마다, "어려움의 크기가 클수록 이후에 만날 기쁨의 크기도 커진단다."라고 말해 주면 아이는 힘든 상황 속에서도 즐거움을 찾습니다. 실패와 좌절을 겪으면서도 그 속에서 재미를 찾을 줄 아는 아이는 점점 어려움을 극복해 내는 짜릿함을 느낄 수 있습니다.

짜릿함은 단순한 기쁨이나 만족감 그 이상의 감정입니다. '스스로 한계를 넘어섰다'라는 자각에서 오는 강렬한 감정이죠. 마치 몸 안에 전기가 흐르는 듯한 흥분과 떨림의 감정을 경험한 아이는 이 감각을 잊지 못합니다.

일상 활용법

어른이 보기에는 힘들고 귀찮은 일도 아이들은 신나게 할 때가 있습니다. 이유는 간단해요. 어른들은 그 안에서 재미를 찾지 못했지만, 아이들은 재미를 찾아서 즐기고 있기 때문입니다. 재미를 느낄 수 있는 일들이 많아지면 아이들이 만날 지성의 범위도 넓어집니다. 그저 보기만 해도 배울 수 있는 지혜의 시선까지 갖게 되죠. 게다가 앞서 설명한 것처럼 자신에게 찾아오는 실패와 고통의 감정에도 지지 않게 됩니다. 그 일에서 재미를 찾았기 때문에 계속해서 노력하면 곧 반전의 짜릿함을 만날 수 있다는 믿음을 가지고 있기 때문입니다. 그리고 이 믿음은 곧 '나는 해낼 수 있어'라는 강력한 확신으로 이어지죠.

"힘든 시간은 지나가고, 지금의 좌절이 곧 짜릿한 일들을 가져다줄 거야."

"아무리 힘든 일도 그 안에서 재미를 찾을 수 있다면 지루하지 않게 할 수 있어."

"글쓰기도 처음에는 힘들지만, 하다 보면 스쳐 가는 내 생각을 글로 쓰는 재미를 찾을 수 있지."

"처음에 지고 있다고 너무 염려할 필요는 없어. 그건 짜릿한 반전이 기다리고 있다는 증거일 뿐이니까."

필사하며 마음에 새기기

"힘든 시간은 지나가고,
지금의 좌절이 곧 **짜릿한** 일들을 가져다줄 거야."

"아무리 힘든 일도 그 안에서 **재미**를
찾을 수 있다면 지루하지 않게 할 수 있어."

"글쓰기도 처음에는 힘들지만, 하다 보면
스쳐 가는 내 생각을 글로 쓰는
재미를 찾을 수 있지."

"처음에 지고 있다고 너무 염려할 필요는 없어.
그건 **짜릿한** 반전이 기다리고 있다는
증거일 뿐이니까."

버겁다 : 벅차다

버겁다　「형용사」 물건이나 세력 따위가 다루기에 힘에 벅차거나 힘들다.
벅차다　「형용사」「1」 감당하기가 어렵다. 「2」 감격, 기쁨, 희망 따위가 넘칠 듯이 가득하다.

　자신과의 싸움은 늘 버겁게 느껴지죠. 그래서 '버겁다'라는 말은 흔들리지 않고 자신을 유지하며 살기 위해서 아이가 꼭 알아야 할 단어입니다. 무엇을 하든 버거운 상태를 지나야 비로소 벅찬 내일을 만날 수 있기 때문입니다. 실제로 '벅차다'라는 말 안에는 '버겁다'의 뜻과 유사한 '감당하기가 어렵다'라는 의미가 들어 있습니다. 같은 감정에서 출발한 단어라고 볼 수도 있죠. 다만 차이는 여기에 있습니다. '버거운 상태를 이길 수 있을 정도의 강력한 기쁨과 희망'. 그래서 벅차다는 말은 기쁨과 희망이 넘칠 듯이 가득한 상태를 의미합니다. 현실은 버겁지만 내면에 강력한 기쁨과 희망을 가진 아이는 그 시간을 이겨낼 수 있습니다. 벅차다는 말이 아이 삶에 중요한 이유가 바로 여기에 있습니다. 유사한 감정도 그 크기에 따라서 다른 표현이 가능하다는 사실을 알 수 있게 되니까요. 그래서 벅찬 감정을 이해하고 현실에서 잘 사용하는 아이는 인생을 살면서 더 자주 행복할 수 있습니다.

일상 활용법

우리는 살면서 참 다양한 생각과 감정을 느낍니다. 가진 것이 없어서 삶이 버겁게 느껴지고, 자신에게 큰 장

점이나 특기가 없다는 생각에 하루가 버겁게 느껴질 수도 있습니다. 아이들은 친구와 비교를 하게 되니 더욱 최악이죠. '나는 왜 이 모양이지'라는 생각이 들 때, 부모가 "넌 괜찮은 사람이야. 누구나 작고 초라하게 시작하지만, 그 버거운 시간을 견디면 벅찬 순간을 맞이하게 되는 거야."라는 말을 들려줄 수 있다면 아이의 힘든 감정을 위로할 수 있죠. 그렇습니다. 다른 기쁨의 표현보다 벅차다는 말에 더 큰 긍정적인 요인이 있는 이유는 버거웠던 순간을 경험한 후 느끼는 진한 만족감이 녹아 있는 표현이라서 그렇습니다.

💬

"원하는 일이 이루어지면 기쁜 마음이 들지. 그런데 생각 이상으로 크게 이루어지면 벅찬 마음이 들어."

"키가 작아서 운동할 때 버겁다는 생각이 들 수 있어. 하지만 작아서 오히려 더 잘할 수 있는 부분도 있을 거야. 그걸 찾아서 계속 연습하면 남들보다 잘하게 되지."

"네가 생각하는 목표가 이루어질 날을 상상하니 엄마 마음이 벌써 벅차다."

"큰 노력 없이 이룬 결과는 기쁨 정도로 표현할 수 있겠지만, 진짜 최선을 다해서 이룬 결과는 벅차다는 말로만 표현이 가능하겠지."

필사하며 마음에 새기기

"원하는 일이 이루어지면 기쁜 마음이 들지.
그런데 생각 이상으로 크게 이루어지면 **벅찬** 마음이 들어."

"키가 작아서 운동할 때 **버겁다는** 생각이 들 수 있어.
하지만 작아서 오히려 더 잘할 수 있는 부분도 있을 거야.
그걸 찾아서 계속 연습하면 남들보다 잘하게 되지."

"네가 생각하는 목표가 이루어질 날을 상상하니
엄마 마음이 벌써 **벅차다**."

"큰 노력 없이 이룬 결과는 기쁨 정도로
표현할 수 있겠지만, 진짜 최선을 다해서 이룬 결과는
벅차다는 말로만 표현이 가능하겠지."

침착하다 : 감탄하다

침착하다 「형용사」 행동이 들뜨지 아니하고 차분하다.
감탄하다 「동사」 마음속 깊이 느끼어 탄복하다.

 부모가 아이에게 꼭 주고 싶은 세상의 모든 가치 있는 것들, 이를테면 창의력이나 집중력, 문해력 등 좋은 감각이나 지적인 능력을 기르기 위해서는 이 단어가 꼭 필요합니다. 바로 '침착함'입니다. 침착함은 행동이 들뜨지 않고 차분한 마음을 나타내는 말입니다. 마음이 침착한 아이는 무언가를 스스로 깨닫고 발견할 때까지 그 자리에 차분하게 머물 줄 압니다. 그런데 모든 일에 들뜨지 않고 침착한 태도를 유지하는 아이가 또 한 가지 잘하는 게 있습니다. 바로 '감탄하는' 것입니다. 일상에서 침착하게 무언가를 보고 생각할 수 있다면 감탄하는 마음에도 도달할 수 있죠.

일상 활용법

세상에는 그냥 보기만 해도 밝게 잘 자란 아이들이 있습니다. 실수를 해도 침착하게 상황을 해결하며 오히려 실수를 성장의 발판으로 활용하는 아이들이 바로 그 주인공이죠. 또 아름답고 예쁜 것에 매일 감탄할 수 있다면 그 아이의 하루는 얼마나 신나고 즐거울까요? 무엇을 바라보든 그냥 지나치지 않고 스스로 이해할 때까지 차분하게 관찰할 수 있는 태도를 지닌 아이만이 그런 하루를 살 수 있습니다.

'침착하다'와 '감탄하다' 두 단어는 전혀 다른 감정을 나타내는 말이지만 이처럼 연결되어 있습니다. 두 단어 모두 외부의 자극을 어떻게 조절하고 받아들이는지를 나타냅니다. 두 단어를 사랑의 마음을 담아 들려주며 아이에게 멋진 삶을 선물해 주세요. 이 책을 읽은 여러분만 아는 비밀이니 지금 바로 예문을 참고해서 실천해 보세요.

"무슨 일에든 쉽게 들뜨지 않고 침착할 줄 아는 사람은 쓸모가 많은 나무와도 같아. 자신의 능력을 다양한 곳에 쓸 수 있거든."

"어려운 책도 침착하게 다시 읽으면 어제 못 본 다른 문장이 보여."

"파도를 멈추게 할 수는 없어. 그런데 파도를 보며 감탄했던 우리의 마음을 그림으로 남길 수는 있지."

"하루를 차분하게 보내는 사람은 감탄할 일을 많이 발견해."

필사하며 마음에 새기기

"무슨 일에든 쉽게 들뜨지 않고 **침착할** 줄 아는
사람은 쓸모가 많은 나무와도 같아.
자신의 능력을 다양한 곳에 쓸 수 있거든."

"어려운 책도 **침착하게** 다시 읽으면
어제 못 본 다른 문장이 보여."

"파도를 멈추게 할 수는 없어.
그런데 파도를 보며 **감탄했던**
우리의 마음을 그림으로 남길 수는 있지."

"하루를 차분하게 보내는 사람은
감탄할 일을 많이 발견해."

얼떨떨하다 : 감격하다

얼떨떨하다 「형용사」「1」뜻밖의 일로 당황하거나 여러 가지 일이 복잡하여 정신이 매우 얼떨하다.
감격하다 「동사」「1」마음에 깊이 느끼어 크게 감동하다.

　오랜 기간 무명 생활을 하다가 갑작스레 인기를 얻은 가수들이 이런 소감을 이야기할 때가 있죠. "데뷔 10주년인데, 정말 얼떨떨하고 감격스럽습니다." 또 누군가가 진심 어린 감사 인사를 전할 때도 이런 기분이 들 수 있죠. '이런 인사를 바랐던 건 아닌데, 얼떨떨하고 감격스

럽네.'

'얼떨떨하다'와 '감격하다'라는 말을 함께 쓰는 건 같은 의미의 말을 반복하는 거라고 생각할 수 있어요. 하지만 두 단어는 전혀 다른 감정을 표현합니다. '얼떨떨하다'라는 말은 짐작하지 못한 상황에 그저 놀랐다는 표현이지만, '감격했다'라는 말은 그간 쌓은 노력과 시간의 결과에 스스로 감동했다는 말이기 때문입니다. 전혀 짐작하지 못했던 감정과 예상했던 감정이 함께 존재합니다. 감정의 흐름을 따라가 보면 이렇습니다. 처음에는 갑작스럽게 찾아온 기쁜 일에 놀랐지만, 곰곰이 생각해 보니 이 모든 것이 그간 자신이 열심히 노력하며 잘 살아 온 결과라는 사실을 알게 되어 감격하는 것이죠.

일상 활용법

아이와 나누는 일상에서 '감격스러움'이라는 감정을 이해하고 잘 사용하면, 아이가 사물이나 사건, 사람을 좀 더 깊이 관찰할 수 있게 됩니다. 그리고 스스로 깨닫고 이해할 수 있는 게 더 많아지죠. 감격은 상대가 보낸 시간의 깊이와 과정을 볼 줄 아는 사람에게만 찾아오는 지적인 감정이기 때문입니다. 무언가를 끝까지 해낸 아이에게 그저 "잘했어."라고 칭찬하는 것을 넘어 "네가 얼마나 준비했는지 알아. 그래서 더 감격스러워."와 같이 말해 주세요. 더 깊은 인정과 공감의 마음을 전할 수 있어서 아이의 마음도 더 예뻐질 테니까요.

"자식이 만든 카네이션을 보고 감격하지 않는 부모는 없지. 카네이션을 보기만 해도 예쁜 마음이 느껴지니까."

"복권에 당첨이 되면 얼떨떨해서 아무런 생각도 나지 않을 것 같아."

"너도 친구의 예상치 못했던 말에 얼떨떨한 적이 있지?"

"네가 직접 쓴 편지를 읽으니까 얼떨떨해. 언제 이렇게 컸나 싶어 감격스러워."

필사하며 마음에 새기기

"자식이 만든 카네이션을 보고
감격하지 않는 부모는 없지.
카네이션을 보기만 해도
예쁜 마음이 느껴지니까."

"복권에 당첨이 되면 **얼떨떨해서**
아무런 생각도 나지 않을 것 같아."

"너도 친구의 예상치 못했던 말에
얼떨떨한 적이 있지?"

"네가 직접 쓴 편지를 읽으니까 **얼떨떨해**.
언제 이렇게 컸나 싶어 **감격스러워**."

자부하다 : 자만하다

자부하다 「동사」 자기 자신 또는 자기와 관련되어 있는 것에 대하여 스스로 그 가치나 능력을 믿고 마음을 당당히 가지다.
자만하다 「동사」 자신이나 자신과 관련 있는 것을 스스로 자랑하며 뽐내다.

"넌 왜 이렇게 자부심이 없니?"라는 말을 듣는 아이가 의외로 종종 있습니다. 자부심은 자신이 가진 물건이나 능력에 대한 믿음이 있을 때 느끼는 감정입니다. 따라서 자부심이 없는 아이는 스스로에 대한 믿음이 없거나 약한 상태일 수 있습니다. 안 좋은 신호죠. 이런 감정이 지속되면 장기적으로 아이의 성장에도 매우 좋지 않은 영향을 주기 때문에 빠르게 수정해야 합니다.

반대로 자만심이 가득한 아이도 마찬가지입니다. 자만심은 자신이 가진 것을 과도하게 자랑하며 뽐내고자 하는 감정입니다. 이럴 때 역시 적절한 지점을 찾아 과도하지 않은 수준에서 아이가 자신을 제어할 수 있게 해야 합니다. 두 감정 모두 자신이 가진 것의 가치와 스스로에 대한 믿음이 얼마만큼, 어떻게 표출되는지와 관련이 있습니다. 자부심을 느끼는 건 좋은 일이지만, 그것이 자칫 자만심으로 커져선 곤란합니다. 부모는 아이의 두 감정 사이를 오가며, 아이 스스로 자신이 가진 것을 믿고 그 가치를 아는 밝은 아이로 자라도록 도와주어야 합니다.

일상 활용법

자만심이 특별히 더 위험한 이유는 능력이 부족할수

록 자만심이 점점 더 커질 가능성이 높기 때문입니다. 나중에는 자신에게 없는 능력을 마치 있다고 착각해 나쁜 태도를 보일 수도 있습니다. 그럼 어떻게 가르쳐야 할까요? 같은 실력의 아이도 부모의 지도에 따라서 자만하는 아이로 혹은 자부하는 아이로 클 수 있습니다. 부모가 기준을 제대로 알려 주면 얼마든지 올바른 태도를 지닌 아이로 성장할 수 있습니다. 아이가 자신의 수준을 제대로 알고 과도하게 자랑하려는 마음을 가지지 않도록 감정을 제어하는 방법을 알려 주세요.

"자부심이 대단한 사람은 눈빛만 봐도 알 수 있지. 자신이 가진 것에 대한 믿음이 강해서 눈빛도 빛나거든."

"이거 정말 잘 만들었네! 네가 자부심을 느낄 만큼 멋져."

"내가 생각하는 답이 언제나 틀릴 수 있다는 사실을 알고 있어야 과도한 자만심에서 벗어날 수 있어."

"자신의 능력을 지나치게 믿으면 자만하는 사람이 될 수도 있어."

필사하며 마음에 새기기

"**자부심**이 대단한 사람은 눈빛만 봐도 알 수 있지.
자신이 가진 것에 대한 믿음이 강해서
눈빛도 빛나거든."

"이거 정말 잘 만들었네!
네가 **자부심**을 느낄 만큼 멋져."

"내가 생각하는 답이 언제나
틀릴 수 있다는 사실을 알고 있어야
과도한 **자만심**에서 벗어날 수 있어."

"자신의 능력을 지나치게 믿으면
자만하는 사람이 될 수도 있어."

소름 돋다 : 경이롭다

소름 「명사」 춥거나 무섭거나 징그러울 때 살갗이 오그라들며 겉에 좁쌀 같은 것이 도톨도톨하게 돋는 것.
경이롭다 「형용사」 놀랍고 신기한 데가 있다.

"와, 소름!" 무언가 신기하거나 놀라운 장면을 설명할 때, 이렇게 '소름'이라는 말로 대신할 때가 많습니다. 섬세한 관찰이나 표현은 전혀 없이, 거기에서 설명이 끝난다는 사실이 아쉽습니다. 맞아요, 놀라고 감탄했을 때 이런 식으로 자신의 감정을 축약하여 표현하는 것이 좋지 않은 이유가 바로 여기에 있습니다. '나는 왜 이런 감정을 느꼈을까?'라는 생각이 들 새도 없이, 자신의 감정을 정확히 표현하거나 약간의 부연 설명을 할 새도 없이 감정이 증발해 버리기 쉽기 때문입니다. 하지만 같은 감정을 느껴도 '경이롭다'라고 표현하는 것은 다릅니다. 부모가 경이롭다는 말을 자주 들려주면, 아이는 자신이 본 것 중에서 어느 부분이 놀랍고 신기한지 관찰하며 설명하는 일상을 보내게 됩니다. 부모의 사소한 한마디를 통해서 아이가 '자기 삶의 관찰자'가 되는 거죠.

일상 활용법

두 표현 모두 '놀라움'이라는 감정에서 출발합니다. 하지만 어떻게 표현하느냐에 따라 아이의 하루는 달라지죠. 아무리 작고 사소한 것에도 놀라운 점은 있습니다. 이 멋진 사실을 아이에게도 알려 주며 경험하게 하려면, 감정을 그저 '소름'이라는 단어로 퉁 치고 넘어가기보다는 더 섬세하게 표현할 수 있어야 합니다. 이때 놀라운 감정을 나타내는 좋은 단어가 바로 '경이롭다'입니다. '어떻게 이런 일이 생겼을까?', '왜 이럴까?' 하고 생각하게 만들어 주죠. 모두가 지나치는 공간에서 무언가를 발견하고 관찰하는 것이 바로 지적인 삶의 시작입니다. 다음 예시에서처럼 부모가 먼저 자신의 삶에서 경이로운 순간을 발견하고 표현하기 시작하면, 아이도 자연스럽게 자기 삶에서 놀라운 것들을 찾아가며 살게 됩니다.

"감탄하거나 놀랐을 때, 사람들이 '소름 돋는다'는 말을 자주 하는데, 넌 어떻게 생각하니?"

"늘 습관처럼 그냥 '소름!'이라고만 말하면 정확하게 뭘 어떻게 느꼈는지 상대방이 알 수 없어."

"새 떼가 하늘을 날고 있네. 정말 경이로운 장면이야!"

"작고 사소한 일에도 특별한 걸 발견할 수 있어. 우리 주변에는 경이로운 것들로 가득하지."

필사하며 마음에 새기기

"감탄하거나 놀랐을 때, 사람들이 '**소름 돋는다**'는
말을 자주 하는데, 넌 어떻게 생각하니?"

"늘 습관처럼 그냥 '**소름!**'이라고만 말하면
정확하게 뭘 어떻게 느꼈는지 상대방이 알 수 없어."

"새 떼가 하늘을 날고 있네.
정말 **경이로운** 장면이야!"

"작고 사소한 일에도 특별한 걸 발견할 수 있어.
우리 주변에는 **경이로운** 것들로 가득하지."

1장: 아이의 하루가 더욱 신나고 즐거워지는 감정 어휘

떳떳하다 : 자신만만하다

떳떳하다 「형용사」 굽힐 것이 없이 당당하다.
자신만만하다 「형용사」 매우 자신이 있다.

떳떳한 사람은 흔들리지 않습니다. 또한, 자신만만한 사람은 무너지지 않죠. 어릴 때부터 부모에게 '떳떳하다'라는 말을 자주 듣고 자란 아이는 어떤 사람으로 성장할까요? 어떤 상황에서도 쉽게 흔들리지 않는 단단한 아이로 성장하게 됩니다. 거짓이 없는 사람은 언제나 떳떳하게 행동하고 말할 수 있으니까요.

  '자신만만하다'라는 말을 듣고 자란 아이의 마음은 힘든 상황에서도 무너지지 않습니다. 무언가를 해내기 위해 충분히 노력한 사람은 자신의 실력을 믿을 수 있어서 자신만만할 수 있습니다. 실력을 믿을 수 있으니 마찬가지로 마음이 무너지지 않습니다. 두 감정 어휘는 아이가 살면서 꼭 붙들고 살아야 하는 멋진 말입니다. 아이의 감정이 주변의 변화로 흔들리거나 무너지는 상황을 막아 주는 어휘라서 더욱 귀합니다. 어디에서든 아이를 당당한 태도로 서 있을 수 있게 하기 때문입니다.

일상 활용법

  흔들리지도 무너지지도 않는 아이로 키우려면 어떻게 해야 할까요? 자, 일상으로 들어가 보죠. '떳떳하다'라는 말을 제대로 알아야 진실한 삶의 가치를 알 수 있습니다. 정직한 선택이 왜 중요한지, 스스로를 속이지 않는 삶이 얼마나 마음을 단단하게 해 주는지 알고 있는 아이는 예상치 못한 비난과 의심 앞에서 중심을 잡을 수 있습니다.

'자신만만하다'라는 말을 이해하면 무언가를 갖기 위해 노력한 시간이 얼마나 귀한지 깨닫게 됩니다. 자기 실력에 대한 신뢰가 바탕이므로 모두가 주저할 때 용기 있게 앞으로 나서는 듬직한 아이로 자랄 수 있습니다. 무언가를 할 때 주저하거나, 자신의 실력을 믿지 못해서 자신감이 없는 아이가 있다면, 아래에서 소개한 말을 들려주며 자신감을 키우고 떳떳하게 말하고 행동하는 사람으로 바꿀 수 있습니다.

"자신에게 진실한 사람은 언제 어디에서든 떳떳해서 거짓말이 필요하지 않지."

"누가 뭐라고 해도 스스로 떳떳한 사람은 흔들리지 않아. 무엇보다 자기 자신을 강력하게 믿으니까."

"1등이 아니어도 괜찮아. 등수와는 상관없이 열심히 노력한 사람은 어디에서든 자신만만할 수 있어."

"잘하기 위해서 네가 노력한 시간은 결코 사라지지 않아. 자신만만한 태도가 되어서 네가 보낸 시간을 더욱 빛낼 테니까."

필사하며 마음에 새기기

"자신에게 진실한 사람은 언제 어디에서든
떳떳해서 거짓말이 필요하지 않지."

"누가 뭐라고 해도 스스로 **떳떳한** 사람은 흔들리지 않아.
무엇보다 자기 자신을 강력하게 믿으니까."

"1등이 아니어도 괜찮아. 등수와는 상관없이 열심히
노력한 사람은 어디에서든 **자신만만할** 수 있어."

"잘하기 위해서 네가 노력한 시간은
결코 사라지지 않아.
자신만만한 태도가 되어서
네가 보낸 시간을 더욱 빛낼 테니까."

우쭐하다 : 의욕이 넘치다

우쭐하다　　「동사」「2」의기양양하여 뽐내다.
의욕　　　　「명사」「1」무엇을 하고자 하는 적극적인 마음이나 욕망.

　그냥 보기만 해도 웃음이 나고 주변을 기분 좋게 만드는 아이들을 보면 무엇을 하든 적극적이어서 의욕이 넘친다는 공통점이 있습니다. 하지만 거기에서 방향을 조금만 잘못 틀면 과도해져서 우쭐한 상태가 됩니다. 두 감정은 비슷하게 시작하지만 방향은 전혀 다릅니다. 의욕이 넘치는 상태는 무엇이든 할 수 있다는 생각과 적극적인 마음의 표현입니다. '이건 나한테 재미있고 도전할 만한 일이야. 꼭 해야지.'와 같은 내면의 동기에서 비롯됩니다. 반면 우쭐한 상태는 자신이 무엇을 할 수 있고 무엇을 해냈는지 사소한 것 하나까지 굳이 주변에 자랑하며 뽐내고 싶은 마음을 말합니다. 내면의 동기보다는 타인의 시선에 의존함으로써 자신의 가치를 확인하려는 마음에서 시작됩니다. 간단히 말해 두 감정은 적극적인 마음을 속으로 간직하는가 혹은 겉으로 꺼내서 자랑하는가의 차이라고도 볼 수 있죠.

일상 활용법

그래서 더욱 중요한 감정입니다. 밝고 신나는 하루를 보내고 주변 사람들에게도 좋은 기운을 전달하기 위해서는 의욕이 반드시 필요하지만, 의욕이 넘치는 상태에서 멈출 줄 알아야 하기 때문입니다. 거기에서 멈추지 못하고 우쭐하는 마음으로 넘어가게 되면 좋은 기운은 모두 사라지고 주변의 시기와 질투를 한몸에 받는 사람이 되어 버리기 쉽죠. 친구들은 불편함을 느끼고, 아이는 원인 모를 고립감을 느낍니다. 참 안타까운 상황입니다. 아이가 가진 능력과 재능을 어떤 감정과 태도로 표출하느냐에 따라 전혀 다른 하루를 살게 되는 것이니까요. 그래서 부모는 아이가 의욕과 우쭐함 사이의 경계를 스스로 느끼고 조절할 수 있도록 도와주어야 합니다.

"의욕이 넘치는 건 참 좋아. 무엇이든 할 수 있다는 마음이니까. 그런데 너무 과하게 자랑하고 뽐내면 마음이 우쭐해져서 주변의 미움을 받을 수 있어."

"게임에서 한 번 이겼다고 우쭐하면, 방심하다가 다음 게임에서 질 수도 있어."

"불가능과 가능의 차이는 적극적인 마음에 있어. 의욕이 넘치는 네 모습을 보면 뭐든 해낼 수 있을 것 같은 생각이 들어."

필사하며 마음에 새기기

"**의욕이 넘치는** 건 참 좋아.
무엇이든 할 수 있다는 마음이니까.
그런데 너무 과하게 자랑하고 뽐내면
마음이 **우쭐해져서** 주변의 미움을 받을 수 있어."

"게임에서 한 번 이겼다고 **우쭐하면**,
방심하다가 다음 게임에서 질 수도 있어."

"불가능과 가능의 차이는 적극적인 마음에 있어.
의욕이 넘치는 네 모습을 보면
뭐든 해낼 수 있을 것 같은 생각이 들어."

뿌듯하다 : 대견하다

뿌듯하다 「형용사」「2」 기쁨이나 감격이 마음에 가득 차서 벅차다.
대견하다 「형용사」 흐뭇하고 자랑스럽다.

두 감정 모두 아름답고 긍정적인 마음에서 시작합니다. 순서와 방향이 조금 다를 뿐이죠. 아이가 무언가를 해낸 순간, 그 감정을 처음 느끼는 건 아이 자신보다 어쩌면 부모일지도 모릅니다. 아이가 무언가를 해내면 부모는 아이가 참 '대견합니다'. 그리고 그다음 부모는 '뿌듯한' 마음이 듭니다. 대견한 마음이 먼저 들고 나면 뿌듯한 마음은 늘 뒤따라오죠. 그래서 우리는 보통 '대견하고 뿌듯하다'라고 많이 표현하기도 합니다.

일상 활용법

대견한 마음이 들었을 때 아이에게 '대견하다'라고 곧바로 말해 주는 일은 정말 중요합니다. 아이가 그동안 해 온 노력의 시간을 격려하면서, 그 시간이 가치 있었음을 증명해 주는 말이니까요. 단순히 "잘했어."라는 칭찬을 넘어, 아이의 시간과 노력을 의미 있게 바라보고 있다는 인정의 메시지를 표현한 감정 어휘입니다. 더 중요한 건, 대견하다는 말을 먼저 들려줄 수 있어야 그다음에 느끼는 뿌듯한 마음도 함께 전달할 수 있다는 사실에 있습니다. 대견하다고 말해 주지 않는 부모는 결국 뿌듯한 자신의 감정도 아이에게 잘 전달하기가 어렵습니다. 뿌듯한 감정을 언어로써 말해 주지 않으면 아이는 그저 '엄마,

아빠가 지금 기분이 좋은가보다' 정도로만 느낄 수 있습니다.

모든 부모는 아이를 사랑합니다. 다만 그 사랑을 말과 글로 제대로 표현하지 못할 뿐이죠. 그래서 아이에게 "우리 ○○이 정말 대견해."라는 말을 자주 해 주는 게 좋습니다. 아이의 대견한 모습을 먼저 발견할 수 있어야 뿌듯한 감정도 느낄 수 있으니까요.

"어려운 수학 문제도 멋지게 척척 풀어내는 네가 참 대견해."

"어제 네가 공부하는 모습을 자꾸자꾸 바라보며, 아빠 마음이 얼마나 뿌듯했는지 몰라."

"피아노를 조금 늦게 시작해서 걱정이 많았는데, 차분하게 연주하는 모습을 보니 대견하다."

"어버이날에 네가 정성스럽게 쓴 편지를 받고 엄마 마음이 정말 뿌듯했어."

필사하며 마음에 새기기

"어려운 수학 문제도 멋지게 척척 풀어내는
네가 참 **대견해**."

"어제 네가 공부하는 모습을 자꾸자꾸 바라보며,
아빠 마음이 얼마나 **뿌듯했는지** 몰라."

"피아노를 조금 늦게 시작해서 걱정이 많았는데,
차분하게 연주하는 모습을 보니 **대견하다**."

"어버이날에 네가 정성스럽게 쓴 편지를 받고
엄마 마음이 정말 **뿌듯했어**."

대담하다 : 대범하다

대담하다 「형용사」담력이 크고 용감하다.
대범하다 「형용사」성격이나 태도가 사소한 것에 얽매이지 않으며 너그럽다.

    대담함은 과감하고 용감한 마음입니다. 이런 대담함과 확신을 가지고 사는 아이는 다른 아이들보다 세상을 더 입체적으로 바라보고 많은 것을 깨우칩니다. 계속해서 도전하고, 실수를 해도 크게 흔들리지 않기 때문이죠. 그래서 다양한 세계를 흡수해야 하는 아이들에게 더욱 필요한 어휘입니다. 그렇다면 대범함은 무엇일까요? '대범한 아이', 듣기만 해도 참 근사한 말입니다. 대범하다는 말의 사전 정의는 사소한 것에 얽매이지 않는 너그러운 마음입니다. 실수 하나에 얽매여 지나치게 자책하지 않고 타인의 잘못에도 관대하게 이해하고 넘어갈 수 있는 성숙함이죠. 그런데 처음부터 그런 마음과 태도를 가질 수는 없습니다. 대담함이 용감하다고 해서 무조건 생기는 것도 아니고, 대범함이 원래 성격이 느긋해서 생겨나는 것도 아닙니다. 여러 경험을 쌓아 세상을 보는 시야가 넓어진 후에야 길러지는 마음이죠.

일상 활용법

처음부터 대범하고 대담한 아이는 없습니다. 어릴 때부터 엄마, 아빠에게 도전의 의미와 가치에 대한 설명을 듣고 자라야 가질 수 있는 덕목이죠. 마음을 대담하게 가졌을 때 얻을 수 있는 가치에 대해서 아이가 이해할 수 있게 자주 설명해 주시는 게 좋습니다. 같은 상황에서도 부모의 말을 통해 아이는 전혀 다른 감정을 느낄 수 있습니다. 실수해서 실망하고 자책하는 아이에게 "대담하게 도전해 본 사람만이 실수도 할 수 있는 거야."라는 말을 들려주면 아이는 자신의 성장에 도움이 되지 않는 실망이라는 감정을 버리고 대담함이라는 태도를 손에 잡게 됩니다. '사소한 것에 휘둘릴 필요 없구나', '크게 보면 별일 아니야'라는 생각을 하게 되죠. 그런 날들이 반복되면 앞에 소개한 것처럼 세상을 바라보는 시야가 넓어져, 사소한 것에 얽매이지 않고 너그럽게 이해하고 용서하는 멋진 사람으로 성장하게 됩니다.

"마음이 자꾸 소심해질 때, 할 수 있다는 생각을 하면 대담해질 수 있어."

"농구할 때 너보다 큰 형들이랑 대담하게 맞서는 모습 멋지더라."

"배짱 있게 도전하다 보면 어느 순간 대범해진 너를 보게 될 거야."

"넌 정말 대범한 아이야. 지금처럼 넓게 보고 이해하는 모습이 멋져."

필사하며 마음에 새기기

"마음이 자꾸 소심해질 때,

할 수 있다는 생각을 하면 **대담해질** 수 있어."

"농구할 때 너보다 큰 형들이랑

대담하게 맞서는 모습 멋지더라."

"배짱 있게 도전하다 보면 어느 순간

대범해진 너를 보게 될 거야."

"넌 정말 **대범한** 아이야.

지금처럼 넓게 보고 이해하는 모습이 멋져."

2장

화나고 불편한 기분을 정확히 이해하게 해 주는 감정 어휘

괴롭다 : 답답하다

괴롭다　「형용사」 몸이나 마음이 편하지 않고 고통스럽다.
답답하다　「형용사」「1」 숨이 막힐 듯이 갑갑하다.

　되는 일이 하나도 없을 때, 어떤 문제가 눈앞에 다가왔을 때, 우리는 먼저 괴로운 감정을 느낍니다. 가장 피하고 싶은 순간과 직면해야만 할 때 우리의 몸과 마음은 고통을 느끼기 때문입니다. 도망가고 싶고, 아무것도 하지 않은 채 시간이 그냥 흘러가기만을 바라기도 하죠.

그런데 이때, 문제 상황을 극복하고 해결하기 위해 뭔가를 시도하면 어떨까요? 이런 생각에 자꾸 마음이 답답해지기 시작하죠. '이 어려운 일을 내가 어떻게 해결할 수 있을까?', '내 손으로 해내고 싶은데 뭐 좋은 방법이 없을까?' 그렇게 내게 닥친 문제를 해결하기 위해 고민할 때, 괴로움으로 가득 찼던 감정은 서서히 옅어지고 답답한 마음이 생겨나기 시작합니다.

일상 활용법

답답한 마음을 느끼는 것은 나쁜 게 아닙니다. '불편한 상태'로 취급되기 쉽지만, 사실 답답함은 괴로운 마음을 이겨 내기 위해 분투할 때 만나는 가장 지적인 감정입니다. "아, 정말 답답하다! 이제 거의 답을 찾은 것 같은데…."와 같이, 지성을 추구하는 사람은 오히려 답답한 감정을 자주 느낍니다. '나는 지금 이 문제에 대해 진지하게 생각 중이고 해결하려고 애쓰고 있다'라는 희망의 신호이기 때문입니다. 답답함에는 이렇듯 포기하지 않고 해내고 싶은 마음과 의지가 담겨 있습니다.

아이가 괴롭고 답답해할 때, 부모는 아이의 그런 마음을 긍정적으로 활용할 수 있도록 말을 건네주어야 합니다. 아이가 어떤 부분에서 지금 어려움을 느끼는지, 어떻게 아이 스스로 해결해 나갈 수 있을지 살펴보아야 합니다. 단순한 불편이나 실패로 단정짓지 않고 그 감정이 어떤 성장의 문턱인지 이해해 줄 때, 아이는 답답함을 부정적인 감정이 아니라 '노력하고 있는 상태'로 받아들입니다.

"지금 괴롭다는 건 네가 풀리지 않는 문제를 해결하려고 노력한다는 증거야. 원래 문제를 해결하려고 노력하는 사람만이 답답한 감정을 느끼는 법이거든."

"당장 괴롭다고 아무것도 하지 않으면 더 괴로운 내일을 맞이할 뿐이지."

"풀리지 않는 답답한 시간이 지나면 결국 원하는 답을 찾을 수 있게 될 거야."

필사하며 마음에 새기기

"지금 **괴롭다는** 건 네가 풀리지 않는 문제를
해결하려고 노력한다는 증거야.
원래 문제를 해결하려고 노력하는 사람만이
답답한 감정을 느끼는 법이거든."

"당장 **괴롭다고** 아무것도 하지 않으면
더 괴로운 내일을 맞이할 뿐이지."

"풀리지 않는 **답답한** 시간이 지나면
결국 원하는 답을 찾을 수 있게 될 거야."

밉다 : 얄밉다

밉다 「형용사」「1」 모양, 생김새, 행동거지 따위가 마음에 들지 않거나 눈에 거슬리는 느낌이 있다.

얄밉다 「형용사」 말이나 행동이 얄빠르고 밉다.

　미움은 상대의 말, 행동 혹은 태도가 나에게 피해를 주거나 내 기분을 상하게 하여 생긴 부정적인 감정입니다. 작은 미움이 발전하면 큰 화가 되죠. 미움이 그대로 방치되거나 누적되면, 나중에는 상대방의 사소한 행동에도 과민하게 반응하거나 그 사람의 존재 자체가 불편해집니다.

그에 반해 얄미움은 비교의 감정입니다. 상대방이 나보다 무언가 잘하거나 더 낫다고 느낄 때 드는 질투에서, 혹은 다른 누군가보다 그 사람이 더 미운 짓을 한다고 느끼는 불편한 감정에서 시작되죠. 그래서 미운 감정은 객관성을 띠는 경우가 많은 한편, 얄미움은 조금 더 개인적인 감정이기도 하고 어떨 땐 애정이 담겨 있기도 합니다.

일상 활용법

미운 감정은 쉽사리 사라지지 않습니다. 대체로 그 사람이 미운 데에는 지나칠 수 없는 이유가 있기 마련이고, 이 감정을 제대로 다스리지 못하면 결국 미움이 쌓여 분노가 되기 때문입니다. 그런데 '도무지 미워할 수 없는 사람'이라는 표현도 있습니다. 밉기는 미우면서도 한편으로는 내가 닮고 싶은 모습이 있기도 하고, 마냥 미워하기에는 어딘가 이해되는 면이 있기도 한 복잡한 감정이라고 할 수 있죠. 얄미운 마음은 오히려 관계의 친밀감을 나타내기도 합니다.

    아이가 누군가를 미워할 때 부모는 아이의 감정이 어디에서 시작되는지 유심히 관찰하고 알아차릴 필요가 있습니다. 이때 감정을 어떤 방향으로 제시해 주느냐에 따라 아이는 미운 감정을 크게 키울 수도 있고, 미운 사람에게서 배울 점을 찾을 수도 있습니다. "'아, 저런 태도는 나도 한번 배워 봐야겠다'라고 생각하는 게 있니?"와 같은 질문이 생각의 방향을 바꿔 줍니다.

"누가 봐도 참 미운 사람이 있지. 저 사람은 왜 미움을 받는 걸까?"

"다른 사람을 미워하지 않으려면 어떻게 해야 할까?"

"나보다 수학을 잘하는 아이를 보면 괜히 얄밉지. 그럴 땐 오히려 다가가서 배우는 게 좋아."

"네가 발표하려고 했는데 친구가 먼저 해 버려서 얄미웠구나. 중요한 건 열심히 준비한 네 마음이니까 괜찮아."

필사하며 마음에 새기기

"누가 봐도 참 **미운** 사람이 있지.
저 사람은 왜 미움을 받는 걸까?"

"다른 사람을 **미워하지** 않으려면 어떻게 해야 할까?"

"나보다 수학을 잘하는 아이를 보면 괜히 **얄밉지**.
그럴 땐 오히려 다가가서 배우는 게 좋아."

"네가 발표하려고 했는데
친구가 먼저 해 버려서 **얄미웠구나**.
중요한 건 열심히 준비한 네 마음이니까 괜찮아."

조마조마하다 : 허탈하다

조마조마하다 「형용사」 닥쳐올 일에 대하여 염려가 되어 마음이 불안하다.
허탈하다 「형용사」「1」 몸에 기운이 빠지고 정신이 멍하다.

조마조마함은 오래전부터 최선을 다한 어떤 일의 결과를 기대하며 지켜볼 때 드는 감정입니다. 염려되고 불안한 이유는 그만큼 노력했고 시간을 들였기 때문이죠. 간절함과 기대, '혹시 잘 안 되면 어떡하지' 하는 불안함과 두려움이 맞물리는 마음입니다. 허탈감은 바로 이를 뒤따릅니다. 몸에 기운이 빠지고 정신이 멍할 정도로 텅 빈 감정을 느끼는 이유는 원하는 결과를 얻어 내지 못했기 때문입니다. 두 감정은 이렇게 연결되어 있죠. 아이는 매일 어떤 일을 시작하고 끝냅니다. 하루의 모든 순간에 조마조마했다가 허탈했다가를 반복하며 감정의 파도를 오르내립니다. 하지만 이러한 감정의 파도를 타지 않고서는 진정한 성장을 기대하기 어렵죠.

일상 활용법

열심히 했던 시간과 노력의 가치를 아는 아이는 결과에 큰 흔들림이 없습니다. 조마조마한 순간이 많았다는 건 그만큼 자신의 마음이 단단해져 가는 과정임을 알기 때문이죠. 아이의 마음이 조마조마함으로 가득할 때, 부모는 아이가 한 일의 가치를 알려 주어야 합니다. 그저 불안해하는 모습으로만 여기지 말고, 결과보다 과정이 얼마나 값졌는지 알려 줄 수 있어야 합니다. 감정의 파도를 오르내리며 아이가 얼마나 노력했고, 몰입했고 열정적이었는지를, 지금의 그 감정이 얼마나 귀한지, 마음을 다해 어떤 일을 한다는 게 얼마나 아름다운지를 말이죠. 조마조마한 순간에는 옆에서 함께 숨을 고르고, 허탈한 순간에는 다정하게 등을 두드려 주세요. 그런 감정의 반복이 아이를 더 크고 넓은 세계로 데려다 줄 겁니다.

"모래성이 파도에 사라지니 지금까지 최선을 다해 만든 너의 노력이 다 쓸모없어진 것 같아서 마음이 허탈하니?"

"모래성이 파도에 쓸려 갈까 봐 네가 조마조마하며 만든 걸 엄마는 다 알아."

"이번 달리기 시합에서는 열심히 해서 꼭 1등을 하고 싶었는데, 아깝게 져서 마음이 허탈하겠다."

"엄마도 조마조마한 마음으로 지켜보며 많이 기도했는데, 너무 마음 아파하지 말자. 열심히 했던 그 시간들이 너를 더 멋지게 만들었어."

필사하며 마음에 새기기

"모래성이 파도에 사라지니
지금까지 최선을 다해 만든 너의 노력이
다 쓸모없어진 것 같아서 마음이 **허탈하니?**"

"모래성이 파도에 쓸려 갈까 봐
네가 **조마조마하며** 만든 걸 엄마는 다 알아."

"이번 달리기 시합에서는 열심히 해서 꼭 1등을
하고 싶었는데, 아깝게 져서 마음이 **허탈하겠다.**"

"엄마도 **조마조마한** 마음으로 지켜보며 많이 기도했는데,
너무 마음 아파하지 말자. 열심히 했던 그 시간들이
너를 더 멋지게 만들었어."

2장: 화나고 불편한 기분을 정확히 이해하게 해 주는 감정 어휘

찜찜하다 : 부담스럽다

찜찜하다 「형용사」 마음에 꺼림칙한 느낌이 있다.
부담스럽다 「형용사」 어떠한 일이나 상황을 감당해야 할 듯한 버거운 느낌이 있다.

여러 곳에서 강연을 하다 보면, 간혹 경제 사정이 여유롭지 않은 곳에서 강연을 의뢰받을 때가 있습니다. 그럴 때면 마음이 조금 복잡해집니다. 형평성이나 경제성을 생각했을 때 제가 평소에 받는 강연료와 너무 큰 차이가 나는 경우 선뜻 그 요청에 응하기가 난감하기 때문이죠. 저절로 이런 기분이 듭니다. '강연을 하자니 부담스럽고, 안 하자니 찜찜하다.' 찜찜함과 부담스러움은 이렇듯 연결되어 있습니다. 우리는 의무나 책임을 져야 할 때는 부담스러움을, 그걸 하지 않았을 때는 찜찜함을 느낍니다. '책임을 져야 한다', '꼭 해야만 할 것 같다', '하지 않았을 때 마음에 걸린다'라는 생각에서 두 감정을 느끼죠.

일상 활용법

"그게 왜 내 책임이야!", "저 친구가 그랬단 말이야. 왜 내 말을 안 믿어!" 이런 식의 말로 자신이 책임지거나 해결해야 하는 상황에서 벗어나려는 아이들이 있습니다. 사실 그 속에는 '뭔가 해야 한다'라는 부담도 있고, '그 일을 하지 않았을 때의 꺼림칙함'을 감추려는 마음도 있습니다. 참 쉽지 않죠. 하지만 아이들에게 의무와 책임감을 가르치는 건 매우 중요한 일입니다. 숙제를 하지 않으면 왜 찜찜한 감정이 드는지, 왜 책임을 지는 일에는 늘 부담스러움이 뒤따르는지 알려 주어야 하죠. 특히 꼭 해야만 하는 일을 회피하거나 책임지지 않으려는 태도를 보이는 아이에게는 더욱 감정을 잘 알려 주어야 합니다. 약속한 정리를 미루었을 때, 누군가에게 거짓말을 했을 때 아이들의 마음 깊은 곳에서는 불편함이 생겨납니다. 이 찜찜한 마음에는 죄책감과 초조함이 함께 나타나기도 하는데, 이러한 감정이 바로 스스로를 돌아보게 하는 힘이 됩니다.

다음에 소개하는 글을 반복해서 낭독하고 필사해 보세요. 그럼 아이의 감정을 살피면서 자연스럽게 의무와 책임에 대해서도 가르칠 수 있게 됩니다.

"숙제를 다 하지 않고 놀면 괜히 마음이 찜찜하지."

"공부할 게 너무 많아서 좀 부담스러워도, 해야 할 일을 하고 놀아야 마음이 편안해."

"너무 많은 관심을 받으면 누구나 부담스러워. 그런데 그렇다고 해서 발표를 하지 않으면 점수가 낮게 나올까 봐 마음이 더 찜찜해지지."

"잘하려고 하다 보면 부담스러울 수 있지. 그런데 부담스럽다는 건 그만큼 너한테 중요한 일이란 뜻이기도 해."

필사하며 마음에 새기기

"숙제를 다 하지 않고 놀면 괜히 마음이 **찜찜하지**."

"공부할 게 너무 많아서 좀 **부담스러워도**,
해야 할 일을 하고 놀아야 마음이 편안해."

"너무 많은 관심을 받으면 누구나 **부담스러워**.
그런데 그렇다고 해서 발표를 하지 않으면
점수가 낮게 나올까 봐 마음이 더 **찜찜해지지**."

"잘하려고 하다 보면 **부담스러울** 수 있지.
그런데 부담스럽다는 건
그만큼 너한테 중요한 일이란 뜻이기도 해."

무섭다 : 두렵다

무섭다 「형용사」① 어떤 대상에 대하여 꺼려지거나 무슨 일이 일어날까 겁나는 데가 있다.
두렵다 「형용사」「1」 어떤 대상을 무서워하여 마음이 불안하다.

　무서움은 '겁'의 감정에 가깝습니다. 지금 눈앞에 있는 대상 또는 사건의 위험에 겁을 먹은 것이죠. 어두운 골목에서 큰 소리가 나고, 낯선 개가 갑자기 달려오면 우리는 무서움을 느낍니다. 그런데 두려움에는 이런 무서움의 감정과 함께 기본적으로 불안감이 깔려 있습니다.

우리는 앞으로 일어날 수도 있는 일 또는 일어날지 아닐지 가늠조차 하기 어려운 일을 생각할 때 본능적으로 위험을 느낍니다. 그래서 사실 두려움은 불안과 맞닿아 있는 감정이라 할 수 있습니다. 통제할 수 없고 불확실한 일에서 아이는 불안을 느낍니다. 친구들과 다투고 사이가 틀어지거나 친구를 잃을까 봐, 실수한 일로 창피를 당할까 봐 두려운 것이죠. 무서움과 불안과 걱정이 한데 모이면 두려운 마음으로 점점 자라납니다.

일상 활용법

두려움은 단순히 무언가에 겁을 먹고 무서움을 느끼는 것에서 조금 더 나아간 감정입니다. 아이는 왜 두려워할까요? 아직 일어나지 않은 일에 미리 겁을 먹었거나 어떤 미지의 대상에 불안함을 느끼기 때문입니다. 그런데 표현에 미숙한 아이들은 무섭거나 두려운 감정을 느낄 때 단순히 "싫어!"라는 말로 이야기하곤 합니다. 이때 부모가 아이의 감정을 제대로 읽지 못하고 '아이가 이 행동을 싫어하는구나', '아이가 겁이 많구나'라고만 생각하며 넘어가 버리면 아이는 자신의 감정을 제대로 직면하지 못하고 두려울 때마다 회피하는 아이로 자라게 됩니다. 아이가 두려움을 느낄 때, 그 감정 아래에 숨어 있는 걱정과 불안에 대해서 먼저 설명해 주세요. 아이는 단지 겁을 먹은 게 아니라, 자기 자신을 보호하려는 본능이 작동하고 있는지도 모릅니다.

"놀이기구 타는 게 두렵니? 무슨 일이 생길까 봐 불안한가 보구나."

"칼은 너무 날카로워서 만질 때마다 좀 무섭다는 생각이 들어. 잘못 다루면 상처가 날 수 있으니 조심해야 해."

"다음 주에 볼 시험을 생각하면 벌써부터 두려운 마음이 들지. 지금 최선을 다하면 시험을 망칠까 봐 두려운 마음도 결국 사라져."

"어두운 길을 걸을 때 귀신이 눈앞에 있으면 진짜 무서울 거야. 하지만 그런 일은 일어나지 않으니 걱정하지 마."

필사하며 마음에 새기기

"놀이기구 타는 게 **두렵니**?
무슨 일이 생길까 봐 불안한가 보구나."

"칼은 너무 날카로워서 만질 때마다
좀 **무섭다는** 생각이 들어.
잘못 다루면 상처가 날 수 있으니 조심해야 해."

"다음 주에 볼 시험을 생각하면 벌써부터
두려운 마음이 들지. 지금 최선을 다하면
시험을 망칠까 봐 두려운 마음도 결국 사라져."

"어두운 길을 걸을 때
귀신이 눈앞에 있으면 진짜 **무서울** 거야.
하지만 그런 일은 일어나지 않으니 걱정하지 마."

짜증 나다 : 심술부리다

짜증　「명사」 마음에 꼭 맞지 아니하여 발칵 역정을 내는 짓. 또는 그런 성미.
심술　「명사」「1」 온당하지 아니하게 고집을 부리는 마음.

　심술은 '고집을 부리는 마음'입니다. 말도 안 되는 일로 떼를 쓰는 모습이죠. 그런데 아이들은 갑자기 심술을 부리지 않습니다. 아이는 자신의 짜증스럽고 불편한 감정을 부모가 제대로 알아 주지 못할 때, 마지막 수단으로 '제발 제 감정을 알아봐 주세요'라는 마음을 담아 심술을 부립니다. 감정의 흐름을 짚어 보면 짜증과 심술은 하나로 연결되어 있다고 볼 수 있습니다. 반대로 생각하면, 우리는 여기에서 아주 소중한 깨달음을 발견할 수 있습니다. 내 아이를 떼쓰고 고집부리는 심술쟁이로 키우고 싶지 않다면, 그 전에 아이의 짜증스러운 감정을 먼저 알아채고 다뤄 주어야 한다는 사실입니다.

일상 활용법

"싫다고! 짜증 나서 아무것도 하기 싫어!" 아이가 뭔가 마음에 들지 않아서 짜증을 낼 때, 부모가 적절한 말로 아이의 답답하고 괴로운 마음을 풀어 줄 수 있다면 짜증이 억지 심술로 이어지지 않게 할 수 있습니다. 이때 단순하게 명령이나 억압적인 말로 아이를 타이르기보다는 '짜증'이라는 자연스러운 감정에 대해서 먼저 설명해 주면 좋습니다. 짜증 나는 마음은 산을 지나가려면 터널을 통과해야 하는 것처럼, 반드시 지나가야 하는 감정이라고 말이죠. 그래야 자신의 태도를 고칠 수 있습니다. 무작정 "짜증 내지 말라고 했지! 엄마는 더 힘들고 더 짜증 나!"라고 감정을 맞받아치는 식으로 대응하면 상황은 나아지지 않고 오히려 더 나빠집니다. 그건 감정을 알아주는 언어가 아니니까요.

"자기 마음대로 되지 않으면 짜증이 나는 건 당연해. 하지만 모든 사람이 다 자기 뜻대로 할 수는 없는 거야."

"마음속에서 짜증이 올라올 땐 차분하게 어떤 마음인지 엄마, 아빠에게 설명해 주면 돼."

"짜증이 난다고 그렇게 심술을 부리면 상황은 더 안 좋아지는 거야. 차근차근 설명해야 엄마, 아빠도 이해할 수 있겠지."

"심술을 부리기 시작하면 할 수 있는 일도 하지 못하게 돼. 엄마, 아빠랑 같이 해 보자."

필사하며 마음에 새기기

🌿

"자기 마음대로 되지 않으면 **짜증이 나는** 건 당연해.
하지만 모든 사람이 다 자기 뜻대로 할 수는 없는 거야."

"마음속에서 **짜증**이 올라올 땐 차분하게
어떤 마음인지 엄마, 아빠에게 설명해 주면 돼."

"**짜증이 난다고** 그렇게 **심술을 부리면**
상황은 더 안 좋아지는 거야.
차근차근 설명해야 엄마, 아빠도 이해할 수 있겠지."

"**심술을 부리기** 시작하면
할 수 있는 일도 하지 못하게 돼.
엄마, 아빠랑 같이 해 보자."

자격지심 : 열등감

자격지심 「명사」 자기가 한 일에 대하여 스스로 미흡하게 여기는 마음.
열등감 「명사」 자기를 남보다 못하거나 무가치한 인간으로 낮추어 평가하는 감정.

두 감정 모두 '어딘가에 미치지 못한다'라는 마음을 나타냅니다. 하지만 어떤 일에 자신이 자격이 없다고 느끼는 것과 스스로 남들보다 못하다고 느끼는 건 전혀 다릅니다. 그래서 이제 막 성장을 시작하는 아이들에게는 더욱 구별해서 알려 주어야 할 중요한 감정이죠. 자격지심은 주로 어떤 역할이나 상황에 대한 자격을 판단하는 데서 비롯되는 것이고, 열등감은 자신이 타인보다 뒤처졌다는 비교의식에서 생기는 감정입니다. 그래서 생각의 방향도 달라집니다. 자격지심이 있는 아이는 자신이 맡은 역할이나 도전 과제를 두고 '내가 이 자리에 있어도 되는 사람일까?', '과연 내가 이 정도 수준의 책을 읽을 수 있을까?'라고 생각합니다. 어떤 역할이나 과제에 어울리는 사람이어야 한다는 내면의 기준이 지나치게 엄격할 때 이런 마음이 들죠. 열등감이 있는 아이는 '나는 저 친구보다 문해력이 떨어져서 이 책을 읽을 수 없어', '쟤는 잘하는데 나는 왜 이렇게 못하지?'라고 생각하죠. 다른 사람과 비교하며 점점 작아지는 마음을 경험합니다.

일상 활용법

아이의 마음을 살펴보세요. 아이는 지금 무엇 때문에 힘들어하고 있나요? 자격지심을 느끼는 아이에게는 무작정 응원을 하기보다는 "너도 그 일을 할 자격이 있어.", "너는 가치가 있단다."와 같은 말을 들려주는 게 좋습니다. 누구든 용기를 내서 노력하면 자격을 가질 수 있다고 말이죠. 열등감에 빠진 아이에게는 굳이 남과 자신을 비교해서 자책할 필요가 없다는 이야기를 들려주는 게 좋습니다. 비교하는 마음은 아이를 부정적인 감정에 끊임없이 갇히게 합니다. 자격지심은 아이의 도전 자체를 위축시키고, 열등감은 자기 존재에 대한 부정으로 이어지게 합니다. 단순히 '나는 이걸 못해'라는 생각을 넘어서, '나는 원래 안 되는 사람'이라는 정체성의 문제로 굳어질 수도 있습니다. 부모가 감정을 먼저 알아 줄 때 아이의 마음은 단단해집니다. 계속해서 필사를 통해 아이의 감정을 알아 주는 말을 내면에 담아 주시기를 바랍니다.

"자신의 능력을 낮게 판단하면 자꾸 자격지심이 생겨. 자격이 없다고 생각하지 말고 연습해서 나아지면 돼."

"충분히 노력했다면 열등감을 가질 필요가 없어. 다른 사람이 아닌 어제의 나와 비교하며 판단하면 돼."

"그 친구가 잘한다고 해서 네가 못난 건 아니야. 비교하기 시작하면 열등감에 갇히지."

필사하며 마음에 새기기

"자신의 능력을 낮게 판단하면
자꾸 **자격지심**이 생겨.
자격이 없다고 생각하지 말고
연습해서 나아지면 돼."

"충분히 노력했다면
열등감을 가질 필요가 없어.
다른 사람이 아닌
어제의 나와 비교하며 판단하면 돼."

"그 친구가 잘한다고 해서
네가 못난 건 아니야.
비교하기 시작하면 **열등감**에 갇히지."

2장: 화나고 불편한 기분을 정확히 이해하게 해 주는 감정 어휘

민망하다 : 난처하다

민망하다 「형용사」「1」보기에 답답하고 딱하여 안타깝다. 「2」낯을 들고 대하기가 부끄럽다.
난처하다 「형용사」이럴 수도 없고 저럴 수도 없어 처신하기 곤란하다.

민망함은 어떤 상황이나 문제가 있는 현실에 놓였을 때 힘든 감정 그 자체를 표현한 말입니다. 다른 사람 앞에서 실수했거나 무언가 잘못했음을 깨달았을 때 우리는 얼굴이 붉어지고 말문이 막히죠. 바로 이때 드는 안타깝고 부끄럽고 어찌할 줄 모르겠는 힘든 마음입니다.

누구든 거의 무의식적으로 느낄 수 있기에 민망함은 원초적인 감정이라고 할 수 있습니다. 반면 난처함은 어떨까요? 어떤 상황이나 문제를 해결할 방법은 있지만, 이런저런 여건상 선뜻 하나를 고르기 어려울 때 우리는 난처함을 느낍니다. 친구 둘이 동시에 다른 의견을 내며 내게 하나를 선택하라고 말할 때 어느 쪽의 편을 들어야 할지, 실수한 일에 대해 어떻게 사과해야 할지 등을 고민할 때 느끼는 곤란한 감정을 표현한 말이죠. 여기에서 잘 생각해 보시길 바랍니다. 정말 중요한 지점입니다. 지혜로운 부모라면 아마 이 사실이 눈에 보일 겁니다. 자신이 저지른 실수나 문제 상황 앞에서 아이가 단순히 민망해하고 있는 게 아니라 어떻게 해야 할지 고민하며 난처함을 느끼고 있다면, 그것은 아이의 생각이 점점 깊어지고 있다는 아주 좋은 신호라는 것을요.

> **일상 활용법**

아이가 같은 상황에서 소극적으로 머물러 있지 않고, 문제를 해결하기 위한 좋은 방법을 떠올리게 하려면 부모는 아이에게 어떻게 말해 줄 수 있을까요? "너의 마음이 지금 좋은 방법을 떠올리기 위해 난처함을 겪고 있구나." 하고 아이의 감정을 짚어 줄 수 있습니다. 아이는 단지 부끄러워서 고개를 숙이고 있는 것이 아니라, 해결 방법을 고민하는 중인지도 모릅니다. 이때 "왜 아무 말도 안 해?", "왜 가만히 있어?"라고 다그치기보다는, "지금 어떻게 해야 할지 고민하는 중이니?", "어떻게 할지 모르겠어서 난처하니?"라고 말해 줄 수 있습니다. 아이는 이럴까 혹은 저럴까 생각을 하느라 당장은 하나를 용기 있게 선택하지 못하고 있을 뿐이니까요.

"친구에게 잘못한 일이 떠올라서 민망한 마음에 말도 걸지 못했구나?"

"난처한 상황이겠지만 잘못한 일이 있으면 용서를 구하는 게 지혜로운 거야."

"쏟은 물을 치우기도 민망해서 휴지를 달라고 말도 못 꺼냈구나?"

"손님이 너무 많아서 점원을 부르지 못해 네 마음이 참 난처했겠다."

필사하며 마음에 새기기

"친구에게 잘못한 일이 떠올라서
민망한 마음에 말도 걸지 못했구나?"

"**난처한** 상황이겠지만 잘못한 일이 있으면
용서를 구하는 게 지혜로운 거야."

"쏟은 물을 치우기도 **민망해서**
휴지를 달라고 말도 못 꺼냈구나?"

"손님이 너무 많아서 점원을 부르지 못해
네 마음이 참 **난처했겠다.**"

갈등하다 : 갈망하다

갈등하다 「동사」「1」칡과 등나무가 서로 얽히는 것과 같이, 개인이나 집단 사이에 목표나 이해관계가 달라 서로 적대시하거나 충돌하다. 「2」두 가지 이상의 상반되는 요구나 욕구, 기회 또는 목표에 직면하였을 때, 선택을 하지 못하고 괴로워하다.

갈망하다 「동사」간절히 바라다.

우리는 왜 여러 관계를 겪으며 갈등하고 충돌하는 걸까요? 맞아요, 서로 간절히 바라는 것이 있기 때문입니다. 이해하기 쉽게 정리하자면, 우리가 갈등하는 이유는 무언가를 갈망하기 때문이라고 볼 수 있습니다. 바라는 게 없다면 애초에 이해관계가 생기지도 않을 테니 충돌

할 이유도 없겠죠. 그렇기 때문에 갈등은 무언가를 갈망하고 있다는 증거, 또는 서로를 이해하고 싶다는 감정의 표현일 수도 있습니다. 아이는 앞으로 살면서 다양한 종류의 갈등을 경험하게 됩니다. 친구를 사귀거나 떠나보낼 때, 목표를 계획하고 성취할 때, 도전하고 실수하고 실패할 때 같이 말이죠. 그럴 때 아이가 보이는 모습을 살펴보면, 지금까지 부모에게 어떤 말을 듣고 자랐는지 알 수 있습니다. 감정을 잘 제어하고 표현할 줄 아는 아이로 자라게 하고 싶다면 더욱 주목해야 할 감정 어휘입니다.

일상 활용법

정말 근사한 사실이 하나 있습니다. '갈등하다'의 사전적인 의미에서 나온 칡과 등나무는 스스로 뻗어 나갈 수 없어서 혼자서는 살 수 없습니다. 다른 물체를 감아야만 성장할 수 있는 덩굴식물이죠. 갈등한다는 건 다름을 이유로 서로를 배척하며 등을 돌리는 게 아니라, 결국에는 하나로 살아갈 방법을 찾아내기 위한 과정을 의미합니다. 마찬가지로 관계 속에서 우리가 갈등을 겪으며 고통을 경험하는 이유는 그 사람이 나빠서가 아니라, 서로 간절히 바라는 것이 다르기 때문이고, 의견을 조율하여 가장 적합한 하나의 결론을 내기 위함이라는 사실을 아이에게 알려 주세요. 모든 사람이 갈망하며 원하는 것이 다르기에 세상은 특별하고, 이 사실을 이해하고 인정하는 태도를 가져야 더 크게 성장할 수 있으니까요. 세상에 나쁘기만 한 일은 존재하지 않습니다. 갈등과 갈망도 마찬가지입니다. 각자가 갈망하는 것들을 지혜롭게 성취하기 위해서 잠시의 갈등을 겪고 지나가는 것이라는 사실을 알려 준다면, 앞으로 아이는 힘든 일을 겪을 때마다 불행한 생각보다는 희망을 더 자주 떠올리는 태도를 보이게 될 것입니다.

"오랫동안 갈망하던 일을 성취하려면 다양한 갈등을 이겨 내야 해."

"어느 학과를 가야 할지 갈등하는 이유는 적성에 맞는 과를 선택하려는 갈망이 있기 때문이지."

"자식이 잘 자라기를 바라는 부모의 갈망은 모두 같지. 그 갈망이 없었다면 자식들과의 갈등을 이겨 내지 못했을 거야."

필사하며 마음에 새기기

"오랫동안 **갈망하던** 일을 성취하려면
다양한 **갈등**을 이겨 내야 해."

"어느 학과를 가야 할지 **갈등하는** 이유는
적성에 맞는 과를 선택하려는
갈망이 있기 때문이지."

"자식이 잘 자라기를 바라는
부모의 **갈망**은 모두 같지.
그 갈망이 없었다면 자식들과의 **갈등**을
이겨 내지 못했을 거야."

경멸하다 : 증오하다

경멸하다 「동사」 깔보아 업신여기다.
증오하다 「동사」 아주 사무치게 미워하다.

경멸은 타인의 행동이나 생각을 전혀 가치 없는 것으로 여기는 마음입니다. 무시하는 마음에서 조금 더 나아가 그 사람의 생각이나 행동이 '틀렸다', '받아들일 수 없다'라는 인식과 거부감이 들어 있죠. 대개 경멸하는 마음에는 어떤 이유가 숨어 있습니다. 자세히 들여다보면,

'나는 저 사람의 어떤 점이 싫어'라는 생각이 마음속 깊은 곳에 있기 때문입니다. 그런데 증오심은 경멸보다 조금 더 범위가 넓고 파괴적입니다. 특정 개인이나 집단에 대한 극단적인 혐오와 연결되어 사회 관계를 해치는 부정적인 감정이죠. 미워하는 마음이 걷잡을 수 없이 커지면 갈등과 분열을 초래합니다. "대체 저 사람이 왜 싫은 거야?"라고 물을 때, 증오심에 가득 찬 사람들은 이유도 없이 "그냥 싫어."라고 답할 뿐입니다.

일상 활용법

경멸과 증오 모두 결국에는 상대방에 대한 부정적인 생각을 표현한 말입니다. 다만 이 부분에서 아이에게 중요한 건, '스스로 선택한 분노'여야 한다는 사실입니다. '남들이 다 싫어하니까', '그냥 그렇게 하는 게 당연한 거니까'라는 이유로 어떤 사람이나 집단을 싫어하다 보면 증오하는 삶을 살게 될 가능성이 높습니다. 외부의 기준에 의존해 감정을 따라가거나 남의 판단에 자기 감정을 맡겨 버리지 않고 자신의 마음을 솔직하게 마주하는 연습이 필요하죠. 그래서 일상에서 이런 질문을 던지며 자신에게서 이유를 찾아야 합니다. '나는 왜 이 행동이 싫을까?', '나는 왜 이런 마음이 들었을까?', '무엇이 나를 불편하게 만들었을까?' 하고요. 무조건 "그런 감정은 나빠."라고 이야기하는 건 오히려 좋지 않습니다. 중요한 건 어떤 감정이든 '가지지 않는 것'이 아니라, '잘 사용하는 것'이니까요. 스스로 돌아볼 틈도 없이 미워하는 마음만 남은 상태에서 벗어나, 지금의 이 부정적인 감정이 어디에서 시작되었는지 돌아볼 줄 알게 해 주세요. 감정에 휘둘리지 않고 감정을 책임지려는 태도는 이런 연습에서 생겨납니다.

"엄마는 힘이 있는 사람에게만 잘 보이려는 친구를 경멸해."

"좋아하는 마음과 증오심은 종이 한 장 차이야. 내가 먼저 이해하려는 마음으로 다가가야 해."

"서로를 증오하는 곳에서는 평화가 있을 수 없지."

"누군가를 경멸하는 마음이 들 때는 그 감정 뒤에 숨은 너의 기준이나 가치가 뭔지 함께 생각해 보면 좋겠어."

필사하며 마음에 새기기

"엄마는 힘이 있는 사람에게만
잘 보이려는 친구를 **경멸해**."

"좋아하는 마음과 **증오심**은 종이 한 장 차이야.
내가 먼저 이해하려는 마음으로 다가가야 해."

"서로를 **증오하는** 곳에서는
평화가 있을 수 없지."

"누군가를 **경멸하는** 마음이 들 때는
그 감정 뒤에 숨은 너의 기준이나
가치가 뭔지 함께 생각해 보면 좋겠어."

2장: 화나고 불편한 기분을 정확히 이해하게 해 주는 감정 어휘

절박하다 : 조급하다

절박하다 「형용사」「1」 어떤 일이나 때가 가까이 닥쳐서 몹시 급하다.
조급하다 「형용사」 참을성이 없어서 몹시 급하다.

　목표와 꿈이 없는 아이에게 방향성을 제시해 줄 수 있는 감정 어휘인 절박함과 조급함에는 미묘한 차이가 있습니다. 일단 절박함은 목적지가 분명합니다. 목적지가 있는 사람만이 어떤 일의 필요성을 느낄 수 있습니다. '어떤 일이나 때가 가까이 닥쳐서' 마음이 급하기 때문입니다. 하지만 조급함은 다릅니다. 목적지가 없으므로 지금 자신이 무엇을 해야 하는지 알 수 없습니다. 무엇인가 해야 할 것 같고 가만히 있으면 안 될 것 같다고 느낍니다. 그러니 습관적으로 '다른 애들은 앞서가고 있는데 나도 해야 따라갈 수 있지 않을까?' 하는 생각이 들고, 마음이 자꾸만 급해져서 의미 없는 일을 하게 되거나 불안한 마음이 드는 것이죠.

일상 활용법

목표가 없거나 어디로 가는지 모르는 사람의 마음은 자꾸만 조급해집니다. 하지만 어디로 가야 하는지 분명히 아는 사람은 절박한 감정을 느낍니다. 그렇기에 절박하다는 건 목표가 있는 사람만이 누릴 수 있는 의지의 감정이자 일종의 특권입니다. 이걸 분명히 이해한 부모는 아이에게 절박한 감정의 가치를 제대로 전달할 수 있습니다. 무언가에 절박하게 매달려서 시도해 본 사람만이 자신이 보낸 시간의 가치를 아는 법이죠. 요즘 아이들은 명확한 목표를 세우기도 전에 방향만 재촉받는 경우가 많습니다. 그럴 때 "다른 애들보다 느려도 괜찮아."라고 말하면 안정감을 줄 수 있습니다. 한편으로 아이가 어떤 절박함도 느껴 본 경험이 없다면, 작은 것이라도 목표를 세우고 해내는 경험을 할 수 있도록 독려하는 말을 들려주는 게 좋습니다.

"달리기 경기에서 1등을 하려면 목표에 맞는 절박함이 필요해."

"화재가 난 현장에서 소방관들의 표정은 사람들을 꼭 살려야 한다는 생각에 더 절박해지지."

"너무 조급하게 생각하지 마, 일단 목표를 세우는 게 중요해."

"특별한 계획도 없이 아침에 늦잠을 자면, 한 게 없다는 생각에 그날 하루는 계속 마음이 조급해지는 거야."

필사하며 마음에 새기기

"달리기 경기에서 1등을 하려면
목표에 맞는 **절박함**이 필요해."

"화재가 난 현장에서 소방관들의 표정은
사람들을 꼭 살려야 한다는 생각에 더 **절박해지지**."

"너무 **조급하게** 생각하지 마,
일단 목표를 세우는 게 중요해."

"특별한 계획도 없이 아침에 늦잠을 자면,
한 게 없다는 생각에 그날 하루는
계속 마음이 **조급해지는** 거야."

2장: 화나고 불편한 기분을 정확히 이해하게 해 주는 감정 어휘

겁나다 : 주눅 들다

겁나다　「동사」 무섭거나 두려운 마음이 생기다.
주눅　「명사」「1」 기운을 제대로 펴지 못하고 움츠러드는 태도나 성질.

　무섭고 두려워서 시작을 겁내거나, 내면의 힘이 유독 약해서 도전을 망설이는 아이들이 있습니다. 그런데 겁이 나는 건 자기 보호 기제의 일환으로, 자연스럽고 본능적인 반응입니다. 감정을 잘 활용하는 부모는 그런 아이들의 태도 역시 긍정적으로 변화시킬 수 있죠.

우리가 느끼는 감정에도 순서가 있습니다. 먼저 일어나는 감정이 있고, 이를 뒤따라오는 감정도 있죠. 감정은 독립적으로 툭 떨어져 생기는 것이 아니라, 앞선 감정의 영향으로 다음 감정이 이어지는 구조이기 때문입니다. 겁난다는 건 무섭거나 두려운 마음이 생겼다는 뜻입니다. 주눅이 든다는 건 이러한 무섭고 두려운 마음이 든 까닭에 기운을 펼 수 없고 기세가 약해졌다는 뜻입니다. 이렇게 어떤 감정이 먼저 시작되었는지 알면 아이의 마음을 더 잘 살펴 말을 전할 수 있습니다.

일상 활용법

아이에게 감정을 알려 줄 때, 먼저 인정해야 할 부분은 누구나 겁이 날 때가 있다는 사실입니다. 겁이라는 감정은 인간이 가진 본성이기도 하니까요. 그러나 주눅 드는 건 상황을 대하는 태도만 바꾸면 얼마든지 조절할 수 있습니다. 주눅이 들어 기운 없는 아이에게 "누구나 겁은 날 수 있지만, 그렇다고 주눅이 들 필요는 없어."와 같은 방식으로 두려움의 감정을 설명할 수 있다면, 아이는 자기 앞에 놓인 희망을 깨달을 수 있습니다. 두려운 마음이 드는 건 어쩔 수 없지만, 자신의 의지로 지금의 상태에서 벗어날 수 있다는 것을 말이죠. 아이가 감정을 느끼되, 그 감정에 억눌리지 않도록 해 주는 말이 필요합니다. 그 과정을 제대로 인식한 후 아래 예문을 참고하시면 됩니다.

"누구나 실패하면 겁이 나는 거야. 겁이 나는 건 네가 잘못한 게 아니니까 걱정하지 마."

"처음에는 두려워서 겁이 나는 게 당연해. 그런데 겁나는 감정은 계속 연습하다 보면 익숙해질 수 있지."

"실력과 상관없이 자신이 없어지면 주눅 들게 돼. 할 수 있다고 용기를 내면 이겨 낼 수 있어."

"발표할 때 마음이 떨리니? 네가 준비하며 연습한 시간을 떠올리면 주눅 들지 않을 수 있어."

필사하며 마음에 새기기

"누구나 실패하면 **겁이 나는** 거야.
겁이 나는 건 네가 잘못한 게 아니니까 걱정하지 마."

"처음에는 두려워서 **겁이 나는** 게 당연해.
그런데 겁나는 감정은 계속 연습하다 보면
익숙해질 수 있지."

"실력과 상관없이 자신이 없어지면 **주눅 들게** 돼.
할 수 있다고 용기를 내면 이겨 낼 수 있어."

"발표할 때 마음이 떨리니? 네가 준비하며 연습한
시간을 떠올리면 **주눅 들지** 않을 수 있어."

진정하다 : 억누르다

진정하다 「동사」「1」몹시 소란스럽고 어지러운 일을 가라앉히다. 「2」격양된 감정이나 아픔 따위를 가라앉히다.
억누르다 「동사」「1」어떤 감정이나 심리 현상 따위가 일어나거나 나타나지 아니하도록 스스로 참다.

"가만히 있어. 사람들 많은 곳에서는 그러는 거 아니야." 아이는 이런 말을 자주 듣게 됩니다. 하지만 그런다고 소란했던 아이가 갑자기 얌전해질까요? 아마 그건 힘들다는 사실을 이미 경험으로 알고 계실 겁니다. 감정이 널뛰듯 요동칠 때, 우리는 아이에게 감정을 '진정시키라'

고 하거나 '억누르라'고 말할 수 있겠죠. 두 표현 모두 힘든 감정을 다스리려는 의미를 담고 있지만, 실제로는 큰 차이가 하나 있습니다. 진정한다는 것은 부정적인 감정을 가라앉혀 마음에서 서서히 사라지게 만드는 과정입니다. 반면 억누른다는 건 감정이 나타나지 않게 참아 억지로 눌러두는 것이고, 그 감정은 여전히 마음속 깊은 바닥에 남아 있게 됩니다. 그래서 억누른다는 건 아직도 힘든 감정이 내 안에 남아 있다는 뜻입니다.

일상 활용법

아이들은 흥분하거나 감정을 제어하지 못하는 순간이 많습니다. 그럴 때마다 부모가 아이의 감정을 먼저 들여다보고 스스로 조절할 수 있도록 한다면, 아이는 의젓하고 참을성 있는 사람으로 성장할 수 있습니다. "이제 진정이 됐니?", "마음이 좀 진정되면 다시 이야기하자."와 같이 말해 주며, 아이가 스스로 감정을 조절할 수 있게 도와주세요. 물론 때로는 감정이 너무 벅차서 아이 스스로 진정하기 어려운 경우도 있습니다. 그럴 때는 감정을 완전히 사라지게 하지는 못하더라도 잠시 눌러두는 연습도 필요하다는 것을 차근차근 알려 주어야 합니다. 억누르는 것도 때론 감정을 조절하는 데 필요한 기술임을 아이가 이해할 수 있도록 말이죠.

"친구와 다툰 후에는 진정할 시간이 필요하지. 그래야 다시 차분하게 대화를 나눌 수 있으니까."

"너무 억울한 일이 생기면 쉽게 진정하기 힘들어. 힘든 마음을 조금씩 억누르는 연습을 하면 신기하게도 기분이 점점 나아질 거야."

"화가 났을 때 마음을 진정시키는 건 원래 어려운 일이야. 엄마, 아빠에게 왜 화가 났는지 차근차근 설명해 줘."

그럼 마음이 좀 편안해지니까."

"게임에서 아깝게 졌을 때 복받치는 감정을 억누르기 힘들 거야. 좋은 경험을 했다고 차분하게 생각하다 보면 진정할 수 있어."

필사하며 마음에 새기기

"친구와 다툰 후에는 **진정할** 시간이 필요하지.
그래야 다시 차분하게 대화를 나눌 수 있으니까."

"너무 억울한 일이 생기면 쉽게 **진정하기** 힘들어.
힘든 마음을 조금씩 **억누르는** 연습을 하면
신기하게도 기분이 점점 나아질 거야."

"화가 났을 때 마음을 **진정시키는** 건 원래
어려운 일이야. 엄마, 아빠에게 왜 화가 났는지
차근차근 설명해 줘. 그럼 마음이 좀 편안해지니까."

"게임에서 아깝게 졌을 때 복받치는 감정을
억누르기 힘들 거야. 좋은 경험을 했다고
차분하게 생각하다 보면 **진정할** 수 있어."

수치스럽다 : 창피하다

수치스럽다 「형용사」 다른 사람들을 볼 낯이 없거나 스스로 떳떳하지 못한 느낌이 있다.
창피하다 「형용사」 체면이 깎이는 일이나 아니꼬운 일을 당하여 부끄럽다.

   수치스러운 건 뭐고, 창피한 건 뭘까요? 머리로는 알고 있지만 말과 글로 표현하라고 하면 쉽지 않은 감정 중 하나입니다. 그럴수록 더 확실히 알아야겠죠. 애매할수록 잘 틀리기 쉬워서 더 배울 가치가 있으니까요. 간단하게 압축한다면, 수치스럽다는 말은 '스스로 떳떳하지 못할 때', 창피하다는 말은 '스스로 부끄러울 때' 사용하는 표현입니다. 좀 더 이해하기 쉽게 표현하자면, 수치스럽다는 말은 남에게 절대로 보여 줄 수 없는 모습을 들켰을 때 나오는 반응이고, 창피하다는 말은 내가 실수한 것들이 드러났을 때 나오는 반응입니다. 밝게 잘 자란 아이로 키우려면 특별히 '창피하다'라는 말을 제대로 아는 게 더욱 중요합니다. 창피함을 느끼기 위해서는 자신이 무엇을 잘못했는지, 어떤 실수가 있었는지를 알고 있어야 하기 때문이죠. 자신의 잘못과 실수를 인정하지 못하는 아이는 창피함도 느낄 수 없습니다. 부모의 역할이 더욱 중요한 단어입니다. 부모가 각각 의미에 맞게 표현을 해야 아이도 자신이 지금 왜 창피한지, 왜 수치스러운지를 알고 잘못된 생각과 행동을 고칠 기회를 잡을 수 있습니다.

일상 활용법

　실수와 잘못을 스스로 깨닫지 못하는 사람은 인정도 하지 못하게 됩니다. 평생 창피함을 느끼지 못하는 사람으로 살게 되는 거죠. 당연히 제대로 인간관계를 맺지 못하게 됩니다. 아이가 창피한 행동을 했을 때 "누구나 실수할 수 있어. 잘하려고 한 일이니까 괜찮아."라고 격려할 수 있습니다. 또 수치스러운 행동을 했을 때는 "거짓말이나 나쁜 행동은 좋지 않아. 아무도 옆에 없다고 아무렇게나 행동하면 나중에 후회하게 되는 거야."라고 조언할 수 있죠. 부모가 다양한 감정을 제대로 알고 아이에게 적절하게 표현할 수 있다는 건, 그만큼 아이에게 잘못을 스스로 바로잡을 기회를 자주 줄 수 있다는 사실을 의미합니다. 부모가 가진 감정 표현력의 수준이 곧 아이가 잡을 수 있는 기회의 빈도를 결정합니다.

"형제가 그런 사소한 일로 싸우는 건 창피한 일이야. 서로 좀 더 이해하면 창피한 일을 줄일 수 있지."

"조금 실수해도 괜찮아, 진짜 창피한 건 실수를 인정하지 않는 태도야."

"몰래 답안지를 보고 맞은 100점은 수치스러운 점수야. 차라리 당당하게 시험을 봐서 맞은 80점이 자랑스러워."

"우리 사이에는 거짓말이 어울리지 않아. 그런 나쁜 말은 입에 올리기도 수치스럽다."

필사하며 마음에 새기기

"형제가 그런 사소한 일로 싸우는 건 **창피한** 일이야.
서로 좀 더 이해하면 창피한 일을 줄일 수 있지."

"조금 실수해도 괜찮아, 진짜 **창피한** 건
실수를 인정하지 않는 태도야."

"몰래 답안지를 보고 맞은 100점은
수치스러운 점수야. 차라리 당당하게
시험을 봐서 맞은 80점이 자랑스러워."

"우리 사이에는 거짓말이 어울리지 않아.
그런 나쁜 말은 입에 올리기도 **수치스럽다**."

절망하다 : 실망하다

절망하다 「동사」바라볼 것이 없게 되어 모든 희망을 끊어 버리다.
실망하다 「동사」희망이나 명망을 잃다. 또는 바라던 일이 뜻대로 되지 아니하여 마음이 몹시 상하다.

여러분은 목표로 삼았던 일이 뜻대로 되지 않으면 어떤가요? 맞아요, 가장 먼저 실망하게 됩니다. 그렇게 실망한 상태에서 자신을 격려하지 못하고 계속해서 부정적인 상황에 남아 있게 되면, 그다음에는 이런 식의 말을 하면서 모든 희망을 끊고 절망을 느끼게 되죠. "엄마,

나 이번에 꼭 달리기 1등하고 싶었는데, 또 못했어! 난 왜 이러는 걸까?" 아이가 이렇게 간절히 소망하던 일을 이루지 못해서 실망했을 때, 그 감정을 제대로 다루지 못하고 점점 깊어진다면 절망으로 이어집니다. 절망은 모든 가능성을 포기해 버리고 싶어지는 감정입니다. 절망하는 마음 안에 들어 있는 낙담과 자기 부정감은 아이가 결국 시도 자체를 하지 않게 만들어 버립니다. 그렇다면 아이의 감정을 안아 주는 부모가 되려면 어떻게 해야 할까요? 말처럼 쉬운 일은 아닙니다. 아이와 나누는 일상에는 정해진 대본이 없고, 다른 사람의 감정을 이해하는 일은 언제나 어려우니까요.

일상 활용법

절망하지 않는 아이로 키우려면 실수와 실패의 가치를 먼저 알려 주어야 합니다. 아이에게 올바른 태도를 알려 줄 때 '가치'를 설명하는 일은 정말 중요합니다. 그 태도의 가치를 알아야 중요성을 느낄 수 있고 스스로 변화하고자 하는 마음이 생기기 때문입니다. 우리 같이 한번 생각해 봐요. 아이들이 자꾸만 실망하는 이유는 뭘까요? 반드시 성공하는 것과 좋은 결과만이 가치 있는 일이라고 생각하기 때문입니다. 모든 일에는 결과와 상관없이 그 자체로 의미 있는 순간이 존재합니다. 달리기에서 1등을 하지 못했더라도 출발선에 섰던 용기, 마지막까지 포기하지 않았던 태도, 자신보다 앞선 친구를 인정했던 너그러움, 이 모든 일들의 가치를 깨달을 때 아이는 아주 사소한 순간 속에도 의미가 있음을 발견합니다. 그러면 아이는 작은 실패에 쉽게 실망하지 않을뿐더러 실망이 절망하는 마음으로 자라나지 않게 자기 감정을 조절할 수 있습니다.

"지금 실망했다는 건 네가 무언가를 열심히 했다는 사실을 의미하지."

"나아지지 않아도 실망하지 말자. 포기하지 않는 것만으로도 대단해."

"계속해서 실수하고 실패해도 괜찮아. 절망하지만 않으면 다시 일어설 수 있어."

"실망은 누구나 하지만 절망은 선택이야."

필사하며 마음에 새기기

"지금 **실망했다는** 건 네가 무언가를
열심히 했다는 사실을 의미하지."

"나아지지 않아도 **실망하지** 말자.
포기하지 않는 것만으로도 대단해."

"계속해서 실수하고 실패해도 괜찮아.
절망하지만 않으면 다시 일어설 수 있어."

"**실망**은 누구나 하지만
절망은 선택이야."

야속하다 : 원망하다

야속하다 「형용사」 무정한 행동이나 그런 행동을 한 사람이 섭섭하게 여겨져 언짢다.
원망하다 「동사」 못마땅하게 여기어 탓하거나 불평을 품고 미워하다.

　야속한 마음에는 서운함이 들어 있습니다. 기대했던 만큼 이해받지 못했을 때 우리는 섭섭함을 느낍니다. 어떤 말 한마디, 무심한 표정, 외면당하는 듯한 느낌, 이런 순간들이 야속한 마음으로 이어집니다. 그런데 이렇게 섭섭하고 언짢은 감정이 해결되지 않은 상태가 지속되면 그다음에는 원망스러운 마음이 생기기 마련입니다. 종종 이런 말을 하는 부모님을 만날 때가 있습니다. "엄마는 어릴 때 진심으로 날 이해해 준 적이 없어요." 이제 다 커서 성인이 되었는데도 어렸을 때를 떠올리며 부모님을 원망하는 말을 하죠. 그들의 이야기를 잘 들어 보면, 어릴 때부터 부모로부터 서운한 마음에 대한 공감을 받아 보지 못했다는 공통점이 있습니다. 단지 과거의 갈등만 있는 것이 아니라, 오랜 시간 이해받지 못한 감정이 축적되어 성인이 된 후로도 영향을 미치는 거죠.

일상 활용법

아이는 힘들고 어려운 마음을 몰라주는 부모에게 야속한 마음이 듭니다. 이 감정이 깊어지면 결국 부모님을 원망하게 됩니다. 물론 부모의 입장에서도 힘든 부분이 있을 겁니다. 아이의 마음을 다 알아 주기란 얼마나 어려울까요? 그러나 아이의 감정을 외면하거나 논리로 설득하려 드는 것이 아니라 이해하려는 노력의 태도만으로도 서운함의 감정은 금방 사그라들 수 있습니다. 작은 서운함이 큰 원망으로 변하는 건 쉽지만, 큰 원망이 용서하는 마음으로 바뀌는 건 너무나 먼 길을 돌아가야 하는 일이기 때문입니다.

"엄마가 네 마음을 몰라줄 때 엄마가 참 야속하다고 느껴지지. 그럴 때는 엄마한테 와서 네 마음이 어떤지 알려 주렴."

"아무리 가까운 사이라고 해도 원망스러운 감정이 들 때가 있어. 엄마도 부족한 게 있으니까 그럴 때 좀 이해해 줘."

"정말 오랫동안 고민해서 친구에게 부탁을 하나 했는데, 야속하게 거절을 하면 마음이 너무 아프지."

"친구가 내 부탁을 거절했다고 해서 친구를 원망하면 나만 힘들어. 그럴수록 더 대화가 필요하지."

필사하며 마음에 새기기

"엄마가 네 마음을 몰라줄 때 엄마가 참 **야속하다고** 느껴지지. 그럴 때는 엄마한테 와서
네 마음이 어떤지 알려 주렴."

"아무리 가까운 사이라고 해도 **원망스러운** 감정이
들 때가 있어. 엄마도 부족한 게 있으니까
그럴 때 좀 이해해 줘."

"정말 오랫동안 고민해서 친구에게 부탁을 하나 했는데,
야속하게 거절을 하면 마음이 너무 아프지."

"친구가 내 부탁을 거절했다고 해서 친구를 **원망하면**
나만 힘들어. 그럴수록 더 대화가 필요하지."

3장

어둡게 가라앉은
아이의 마음을 다독여 주는
감정 어휘

슬프다 : 서럽다

슬프다 「형용사」 원통한 일을 겪거나 불쌍한 일을 보고 마음이 아프고 괴롭다.
서럽다 「형용사」 원통하고 슬프다.

　슬픔은 아프고 괴로운 마음을 나타내는, 인간의 가장 기본적인 감정입니다. 서러움은 이 슬픔에 억울함이나 소외감 등이 더해진 좀 더 복합적인 감정이라고 볼 수 있어요. 한이 서려 있는 모습을 상상하면 이해가 쉬울 겁니다. '왜 아무도 몰라주지?' '왜 나만 겪어야 하지?'라는 질문이 생기기도 하죠. 슬픈 이유는 대부분 비슷하지만, 억울하고 서러운 이유는 개개인마다 다르기에 아이를 가장 잘 아는 부모만이 아이에게 이 감정을 잘 설명해 줄 수 있습니다.

일상 활용법

"많이 서러웠구나. 엄마한테 와서 안기렴." 어떤가요? 읽기만 해도 마음이 따뜻해지는 말입니다. 슬픔은 정적인 느낌이 있습니다. 하지만 아이의 감정이 복받쳐 오르고 눈물이 나고 평소보다 더 격렬하게 분노한다면 그것은 슬픔을 넘어선 서러움의 감정을 온몸으로 표현한 것입니다. "슬퍼요."가 아니라 "불공평해요.", "왜 나한테만 그래요?"라는 말이죠. 그냥 슬픔과는 또 다른 어떤 억울한 마음이 녹아들었는지, 부모가 몰랐거나 지나쳤던 아이만의 이야기가 있는지 살펴볼 수 있습니다. 마음을 알아주어야 할 상황에서 아이의 감정을 제대로 알아차리지 못한다면 아이의 내면은 과연 어떻게 될까요? 아이는 어른처럼 정제된 말로 자신의 감정을 설명하기에 아직은 어휘력과 표현력이 조금 부족합니다. 그래서 아이의 서툰 표현 때문에 간혹 버릇이 나쁘거나 반항하는 걸로 오해하게 되기도 하죠. 하지만 그럴수록 더 가까이 다가가야 합니다. 아이는 부모가 자신의 억울하고 서러운 마음을 이해하고 있다고 생각할 때 마음의 안정을 찾을 수 있기 때문입니다. 이렇듯 서러움은 가장 이해받고 싶은 마음이 만들어 낸 애틋한 감정입니다.

"잘못한 것도 없는데 혼나서 서러웠구나. 네가 억울한 일을 겪으니 엄마 마음이 너무 슬프다."

"엄마가 혼자 여행을 떠난다고 네가 그렇게 슬퍼하면, 마음이 아파서 떠날 수가 없잖아."

"어린이라고 차별을 당하면 얼마나 서럽겠어."

"서럽게 우는 친구가 있을 땐 가서 안아 주는 거야. 그럼 분명히 친구도 힘을 낼 수 있을 거야."

필사하며 마음에 새기기

"잘못한 것도 없는데 혼나서 **서러웠구나**.
네가 억울한 일을 겪으니 엄마 마음이 너무 **슬프다**."

"엄마가 혼자 여행을 떠난다고 네가 그렇게 **슬퍼하면**,
마음이 아파서 떠날 수가 없잖아."

"어린이라고 차별을 당하면 얼마나 **서럽겠어**."

"**서럽게** 우는 친구가 있을 땐 가서 안아 주는 거야.
그럼 분명히 친구도 힘을 낼 수 있을 거야."

3장: 어둡게 가라앉은 아이의 마음을 다독여 주는 감정 어휘

우울하다 : 불안하다

우울하다 「형용사」 근심스럽거나 답답하여 활기가 없다.
불안하다 「형용사」「1」마음이 편하지 아니하다. 「2」몸이 편안하지 아니하다.

 불안한 마음은 나쁜 감정이 아닙니다. 여기에서 중요한 사실을 하나 알려 드립니다. 감정은 스스로 자신의 가치를 정할 수 없습니다. 그걸 느끼고 활용하는 사람만이 가치를 정할 수 있죠. 곧 발표를 앞둔 아이가 왜 불안함을 느낄까요? 두려워서가 아니라, 잘하고 싶은 마음이 있기 때문입니다. 그걸 제대로 알아야 아이에게 힘이 되는 말을 들려줄 수 있죠. 우울함과 불안함은 그 감정이 향하는 시점이 다릅니다. 우울함은 과거의 어느 시점을 향하고 있지만, 반대로 불안함은 시선이 미래를 향하고 있는 경우가 많습니다. 과거에 있었던 일에서 오는 우울한 감정은 우리를 답답하고 무기력하게 만듭니다. 바꿀 수 없기 때문이죠. 반면 불안한 감정은 미래를 향하고 있으니 아직 일어나지 않은 일이라 괜히 걱정이 되고 두근거리기도 합니다.

일상 활용법

아이는 지금 과거의 일로 힘들어하고 있나요, 미래의 일로 힘들어하고 있나요? 아이의 감정이 어떤 방향으로 향하고 있는지 부모가 이해할 수 있다면 마음의 문제는 의외로 쉽게 해결될 수 있습니다. 그러나 감정을 제대로 알지 못하는 부모는 아이의 힘든 문제를 해결할 답도 제시하기 어렵죠. 아이는 이미 지나가 버려 바꿀 수 없는 과거에 붙잡힐 수도 있습니다. 스스로 바꿀 수 있는 건 미래임에도 말입니다. 아이에게 우울함과 불안함을 설명하며, 그 감정에서 벗어날 수 있도록 이런 말을 들려주는 게 좋습니다.

"지금 우울한 네 마음은 이해해. 하지만 이미 일어난 일이고 바꿀 수 있는 게 아니니 너무 마음 쓰지 않았으면 좋겠다."

"그런 최악의 상황에서 우울한 감정이 드는 건 어쩔 수 없어. 하지만 곧 좋은 일이 찾아온다는 사실을 기억하면 도움이 될 거야."

"내일 발표할 생각만 하면 마음이 불안하지. 오늘 조금 더 연습하면 불안함이 사라질 거야."

"불안하다는 건 겁을 먹고 두려워하는 거랑은 달라. 잘하고 싶은 마음이 있어서 불안한 거니까."

필사하며 마음에 새기기

"지금 **우울한** 네 마음은 이해해.
하지만 이미 일어난 일이고 바꿀 수 있는 게 아니니
너무 마음 쓰지 않았으면 좋겠다."

"그런 최악의 상황에서 **우울한** 감정이 드는 건
어쩔 수 없어. 하지만 곧 좋은 일이 찾아온다는
사실을 기억하면 도움이 될 거야."

"내일 발표할 생각만 하면 마음이 **불안하지**.
오늘 조금 더 연습하면 불안함이 사라질 거야."

"**불안하다는** 건 겁을 먹고 두려워하는 거랑은 달라.
잘하고 싶은 마음이 있어서 불안한 거니까."

3장: 어둡게 가라앉은 아이의 마음을 다독여 주는 감정 어휘

아쉽다 : 서운하다

아쉽다 「형용사」「1」 필요할 때 없거나 모자라서 안타깝고 만족스럽지 못하다.
서운하다 「형용사」 마음에 모자라 아쉽거나 섭섭한 느낌이 있다.

 '아쉽다'와 '서운하다'는 아이들이 자주 경험하고 표현하는 감정 어휘입니다. 감정이 발생한 원인이 어디에 있는지 살펴볼 수 있는 표현이라 아이에 대한 정보가 필요한 부모에게는 더욱 중요하죠. 아쉽다는 감정은 대체로 자신에게 그 원인이 있지만, 서운한 감정은 타인에게 그 원인이 있습니다. 좀 더 구체적으로 설명하자면, 아쉬움은 자신의 행동이나 상황 때문에 미련이 생기거나 실망하게 될 때 생기는 마음입니다. '더 열심히 했으면 됐을 텐데', '그때 그냥 좀 더 용기를 냈다면 좋았을걸' 하고 후회하는 마음이 함께하기도 합니다. 안타깝고 아까운 마음이 들 때 아쉬워지는 것이죠. 반면에 서운함은 다른 사람이나 상황 때문에 생기는 실망스러운 감정입니다. 누군가에 대한 기대가 충족되지 않았을 때, 즉 사람 간의 관계에서 오는 섭섭함이 서운함으로 이어지죠.

일상 활용법

아이들의 표정에서 뭔가 만족스럽지 못한 감정이 느껴질 때, "뭔가 아쉬운 게 있니?" 혹은 "많이 서운하구나?" 하고 아이의 마음을 대신 짚어 주는 언어를 꺼낼 수 있습니다. 그러면 아이는 '더 잘하고 싶었는데 시간이 부족해서 내가 아쉬운 거구나', '친구가 내 말을 안 들어 줘서 서운했구나' 하며 스스로 자기 감정을 인식할 수 있습니다. 부모가 아이의 감정을 정확한 말로 설명해 주지 못하면, 나중에는 아이 스스로 자신이 지금 어떤 감정을 느끼고 있는지 알지 못하게 됩니다. 감정의 원인이 어디에 있는지 살펴보고, 아이 스스로 인지할 수 있도록 말로 표현해 주는 일은 아이가 자신의 감정을 알아차리는 데 도움을 줍니다.

"갈증이 심한데 음료수가 없으니 좀 아쉽구나? 음료수는 건강에 좋지 않으니, 이번에는 물을 마시는 게 어떨까?"

"라면을 먹을 때 김치가 없으면 좀 아쉽지."

"밖에서 열심히 놀고 집에 왔는데, 엄마가 간식을 준비해 주지 않아서 좀 서운했구나?"

"친구가 내 진심을 자꾸 오해하면 서운한 마음이 드는 게 사실이야. 그럴 때는 가까이 다가가서 너의 생각을 솔직하게 표현하는 게 좋아."

필사하며 마음에 새기기

"갈증이 심한데 음료수가 없으니 좀 **아쉽구나**?
음료수는 건강에 좋지 않으니,
이번에는 물을 마시는 게 어떨까?"

"라면을 먹을 때 김치가 없으면 좀 **아쉽지**."

"밖에서 열심히 놀고 집에 왔는데,
엄마가 간식을 준비해 주지 않아서 좀 **서운했구나**?"

"친구가 내 진심을 자꾸 오해하면 **서운한** 마음이
드는 게 사실이야. 그럴 때는 가까이 다가가서
너의 생각을 솔직하게 표현하는 게 좋아."

애매하다 : 미적지근하다

애매하다 「형용사」「1」 희미하여 분명하지 아니하다.
미적지근하다 「형용사」「2」 성격이나 행동, 태도 따위가 맺고 끊는 데가 없이 흐리멍덩하다.

"생일에 선물을 줘야 할지 애매한 관계였지만, 그럼에도 챙겨줬는데 반응이 참 미적지근하더라." 애매한 것과 미적지근한 것은 이렇게 구분해서 이야기할 수 있습니다. 둘 이상의 선택지를 두고 어느 것 하나를 선택하지 못해서 고민이 들 때 우리는 '애매하다'라고 말합니다.

'이 책을 살까, 저 책을 살까?', '사과할까, 말까?' 이렇게 고민되는 순간에 망설이죠. 반면, '미적지근하다'라는 건 어떤 선택지나 감정 등을 보여 주지 않는 태도나 상황을 나타냅니다. 애매한 마음이 들었을 때는 분명한 자기만의 선택지가 있다는 뜻이지만, 미적지근한 상태는 그런 선택지마저 없는 상황을 의미합니다.

일상 활용법

애매하다는 건 반대로 생각하면 지금 무언가를 결정하려고 집중해서 생각하고 있다는 말입니다. 지성이 움직이는 모습을 표현한 말이라고 할 수 있어요. 그럴 때 "왜 이렇게 우물쭈물해?"라고 나무라기보다 아이에게 격려의 말을 들려주면 좀 더 힘을 내서 생각한 후, 무언가 하나를 자신 있게 결정하게 되겠죠. 어떤 부분이 망설여지고 애매한지 함께 이야기하며 방법을 찾아 갈 수도 있습니다. 하지만 미적지근하다는 건 아이의 성장을 멈추게 만드는 위험한 태도로 이어질 수 있는 감정입니다. 미적지근한 태도로는 아무것도 기대하거나 얻을 수 없기 때문입니다. 그럴 땐 빠르게 그 감정에서 벗어날 수 있도록, 예문처럼 적절한 말로 지성의 통로를 만들어 주시는 게 좋습니다.

"친구가 생일이라고 선물을 줬는데, 좋아하지도 않고 기뻐하지도 않는 그런 미적지근한 태도를 보이면 기분이 좋지 않을 거야."

"반응이 미적지근한 사람에게는 안심하고 일을 맡기기 어려우니, 좀 더 깊이 생각해서 자신의 감정과 생각을 분명히 전달하는 게 좋아."

"문제를 풀 때 답이 이걸까, 아니면 저걸까 애매한 순간이 있지. 애매하다는 건 좀 더 생각이 필요하다는 증거야."

"연필이 너무 짧아져서 쓰기 애매할 때가 있지. 그럴 때는 어떻게 하면 좋을까?"

필사하며 마음에 새기기

"친구가 생일이라고 선물을 줬는데,
좋아하지도 않고 기뻐하지도 않는 그런 **미적지근한**
태도를 보이면 기분이 좋지 않을 거야."

"반응이 **미적지근한** 사람에게는 안심하고 일을
맡기기 어려우니, 좀 더 깊이 생각해서
자신의 감정과 생각을 분명히 전달하는 게 좋아."

"문제를 풀 때 답이 이걸까, 아니면 저걸까
애매한 순간이 있지. 애매하다는 건 좀 더
생각이 필요하다는 증거야."

"연필이 너무 짧아져서 쓰기 **애매할** 때가 있지.
그럴 때는 어떻게 하면 좋을까?"

허전하다 : 허무하다

허전하다 「형용사」「1」 주위에 아무것도 없어서 공허한 느낌이 있다. 「2」 무엇을 잃거나 의지할 곳이 없어진 것같이 서운한 느낌이 있다.
허무하다 「형용사」「1」 아무것도 없이 텅 빈 상태이다. 「2」 무가치하고 무의미하게 느껴져 매우 허전하고 쓸쓸하다.

　감정의 시작은 같지만, 그 과정과 결과가 완전히 다른 말입니다. 허전함과 허무함 모두 마음속이 텅 비어 있는 듯한 느낌, 즉 공허함이라는 정서를 공유합니다. 우선 허전함은 무언가가 있었는데 사라져서 공허한 상태를 말합니다. 함께 시간을 보내던 친구가 집으로 돌아간 후 느끼는 쓸쓸함, 정들었던 선생님이 다른 곳으로 떠나고 느끼는 아쉬움 등 대개 상실로부터 비롯되는 감정이죠. 또 무언가를 손에 쥐려고 열심히 노력해서 얻었으나 이제 그것이 사라진 상태이기도 합니다. 반면 허무함은 원하는 것을 손에 쥐려고 치열하게 노력해서 가지게 되었지만, 그 가진 것의 가치를 발견하지 못해 마치 없는 것처럼 느끼는 상태를 말합니다. 아무런 가치도 의미도 느껴지지 않는 텅 빈 상태이죠. 두 감정은 매우 미묘합니다.

일상 활용법

의미를 간단하게 압축하자면, 허전함은 정말로 아무것도 없는 상태를 말하고, 허무함은 무언가 있지만 거기에서 가치를 발견하지 못해 없는 것처럼 느껴지는 상태를 말합니다. 아이에게 들려줄 때 두 감정 어휘를 얼마든지 긍정적으로 활용할 수 있습니다. 그런데 허무하다는 말의 의미를 제대로 알아야 아이에게 허무하지 않게 살아가는 방법을 이야기해 줄 수 있습니다. 아이는 살면서 허무한 감정을 자주 느낄 겁니다. 어른들도 가진 것에 대한 가치를 느끼지 못할 때가 많은 것처럼요. 그런 감정이 계속 남아 있으면 나중에는 인생에서 아무런 가치도 느끼지 못하는 심각한 무기력에 빠질 수 있습니다. 하지만 허무한 감정에 대해서, 거기에서 어떻게 벗어날 수 있을지에 대해서 아이에게 지혜롭게 설명할 수 있다면 아이의 인생은 완전히 달라지겠죠.

허무함을 느낀다는 건 '무엇을 가졌는가'보다 '왜 그것이 나에게 중요한가'를 되돌아보는 과정이 필요하다는 뜻이기도 합니다. 열심히 노력해서 상을 받았는데도 아이가 허무해 한다면 "그 상이 너한테 왜 중요했을까?", "그 안에서 너는 무엇을 기대했을까?" 같은 질문을 할 수 있겠죠. 결국 '무엇을 이루는가'보다 '그걸 통해 나는 어떤 사람이 되는가'에 초점을 맞추다 보면 아이는 감정을 통해서 더 성숙한 삶으로 건너가는 경험을 할 수 있을 겁니다.

"강아지가 있다가 없어지니까 마음이 허전하네."

"같이 있을 땐 몰랐는데, 친구가 집에 돌아가니 허전하다."

"열심히 노력해서 산 정상에 올랐는데, 내려갈 생각을 하니까 '굳이 왜 올라왔을까?'라는 생각에 허무한 마음이 드니? 하지만 덕분에 운동도 하면서 우리가 이렇게 같이 오랫동안 대화도 나눌 수 있었잖아."

"네가 좋아하는 반찬이라고 해서 엄마가 열심히 만들었는데, 잘 먹지 않아서 허무하다. 만든 노력을 생각해서 맛있게 먹어 주면 엄마가 더 행복할 것 같아."

필사하며 마음에 새기기

"강아지가 있다가 없어지니까 마음이 **허전하네**."

"같이 있을 땐 몰랐는데,
친구가 집에 돌아가니 **허전하다**."

"열심히 노력해서 산 정상에 올랐는데,
내려갈 생각을 하니까 '굳이 왜 올라왔을까?'라는 생각에
허무한 마음이 드니? 하지만 덕분에 운동도 하면서
우리가 이렇게 같이 오랫동안 대화도 나눌 수 있었잖아."

"네가 좋아하는 반찬이라고 해서 엄마가 열심히
만들었는데, 잘 먹지 않아서 **허무하다**. 만든 노력을
생각해서 맛있게 먹어 주면 엄마가 더 행복할 것 같아."

안쓰럽다 : 불쌍하다

안쓰럽다 「형용사」「2」 손아랫사람이나 약자의 딱한 형편이 마음이 아프고 가엾다.
불쌍하다 「형용사」 처지가 안되고 애처롭다.

감정 어휘가 왜 중요하다고 생각하시나요? 인생이란 다른 사람이 내게 준 것이 아니라, 내가 스스로 만든 의미대로 살아가는 '생각이 만든 예술'이기 때문입니다. 스스로 삶의 의미를 만들기 위해서는 자신의 감정을 들여다보고 이름을 붙이는 일 역시 꼭 필요한 작업입니다.

'안쓰럽다'와 '불쌍하다'라는 말 역시 그런 의미에서 매우 중요합니다. 둘 다 누군가의 힘들고 어려운 상황을 보며 마음 아파하는 감정을 표현한 말입니다. 불쌍하다는 말이 스쳐 가며 느끼는 일반적인 감정을 표현한 말이라면, 안쓰럽다는 말은 그냥 지나치지 않고 다가가서 돕고 싶다는 개인적인 마음까지 표현한 말이라고 볼 수 있습니다. 이 두 가지 표현을 제대로 이해할 수 있다면, 아이는 자신의 감정이 정확히 어떤지 좀 더 분명하게 알 수 있게 됩니다. 안쓰러움의 감정을 통해 아이는 세상에 자기만의 방식으로 삶의 다양한 흔적을 남길 수 있죠.

일상 활용법

안쓰러움은 참 아름다운 감정입니다. 힘들거나 아픈 사람들을 보고 그냥 지나치는 대신 따스한 손길을 건네고 싶게 만드는 감정이기 때문입니다. 아이가 이 감정을 이해한다면 얼마나 아름다운 삶을 살아갈 수 있을까요?

단순하게 불쌍하게만 여기는 마음이 아니라서 더 소중하죠. 일상에서 만나는 다양한 상황에서 안쓰럽다는 말을 부모가 먼저 적절히 사용한다면, 그 모습을 보며 아이는 어려운 사람을 생각하는 이타심을 자연스럽게 배울 수 있습니다.

"도움이 필요한 사람을 불쌍하게 생각하는 사람은 많지만, 진심으로 안쓰럽게 생각하며 다가가 진짜 도움을 주는 사람은 많지 않아."

"넘어진 친구가 있으면 불쌍하다고 생각만 하지 말고 다가가 손을 잡고 일으켜 주는 거야."

"안쓰러운 마음을 느낄 줄 아는 사람은 언제나 다른 사람에게 온기를 전할 수 있지."

"친구의 딱한 사정을 듣고 안쓰러워서 도와주려는 네 마음이 참 귀하다."

필사하며 마음에 새기기

"도움이 필요한 사람을 **불쌍하게** 생각하는 사람은 많지만, 진심으로 **안쓰럽게** 생각하며 다가가 진짜 도움을 주는 사람은 많지 않아."

"넘어진 친구가 있으면 **불쌍하다고** 생각만 하지 말고 다가가 손을 잡고 일으켜 주는 거야."

"**안쓰러운** 마음을 느낄 줄 아는 사람은 언제나 다른 사람에게 온기를 전할 수 있지."

"친구의 딱한 사정을 듣고 **안쓰러워서** 도와주려는 네 마음이 참 귀하다."

3장: 어둡게 가라앉은 아이의 마음을 다독여 주는 감정 어휘

심심하다 : 지루하다

심심하다 「형용사」 하는 일이 없어 지루하고 재미가 없다.
지루하다 「형용사」 시간이 오래 걸리거나 같은 상태가 오래 계속되어 따분하고 싫증이 나다.

  '심심하다'라는 말과 '지루하다'라는 말은 서로 완전히 다릅니다. 심심하다는 건 지금 아무것도 하지 않고 있으며, 앞으로도 뚜렷한 계획이 없는 상태를 말합니다. 아이들이 "심심해."라고 할 땐 단순히 따분하다는 뜻이 아니라 뭔가를 하고 싶은데 떠오르지 않거나 새로운 자극이 필요하다는 의미일 수도 있습니다. 하지만 지루하다는 건 지금 무언가를 하고 있는데, 그 일을 지속한 지 꽤 오래 되었다는 사실을 의미하죠. 같은 수업을 몇 번이고 반복해서 들었거나 같은 게임을 여러 번 하면 아이들은 "이거 언제 끝나?"라고 하기도 하죠. 여기서 오해할 수 있는 부분이 있습니다. 심심함은 부정적인 감정이 아닙니다. 새로운 무언가를 시작하기 바로 직전 단계라고 볼 수 있죠. 그래서 할 일이 없어 심심한 것과 지금 하는 일이 재미없어 지루한 것 모두 아이에게는 나름의 의미가 있습니다. 심심한 시간을 보내야만 자기만의 새로운 것들을 창조할 수 있고, 또 지루한 시간을 견딜 수 있어야만 그렇게 만든 새로운 것들을 세상에 꺼내어 보여 줄 수 있으니까요.

일상 활용법

이렇게 생각하시면 좋아요. 심심하다는 말은 아이에

게 창조성을, 지루하다는 말은 인내심을 가르칠 수 있는 표현입니다. 아이가 심심하다고 말할 때마다 다른 장난감이나 게임기를 주지 않고, 새로운 생각을 할 수 있도록 심심한 시간의 가치에 대해서 알려 주세요. 마찬가지로 지루함을 느끼는 아이에게는 지금 하고 있는 일의 의미를 함께 찾아보고 집중할 수 있도록 다정한 격려의 말이 필요합니다. 다음의 예문을 참고해서 이런 방식으로 표현해 주시면 됩니다.

"지금 심심한 건 나쁜 게 아니야. 그 시간 동안 혼자 깊이 생각할 수 있으니까."

"버스를 타고 이동하는 시간은 다들 심심하다고 느끼지만, 그 시간에도 우리는 무언가를 떠올리고 글로 남길 수 있지."

"어떤 일이든 오랫동안 반복하면 지루한 감정을 느끼게 돼. 그런데 그걸 이겨 내고 계속하면 조금 더 깊이 배울 수 있게 되는 거야."

"같은 책을 반복해서 읽으면 지루하지. 지루하다는 건 무언가에 대해서 잘 알게 되었다는 의미도 있어."

필사하며 마음에 새기기

"지금 **심심한** 건 나쁜 게 아니야.
그 시간 동안 혼자 깊이 생각할 수 있으니까."

"버스를 타고 이동하는 시간은 다들 **심심하다고**
느끼지만, 그 시간에도 우리는 무언가를 떠올리고
글로 남길 수 있지."

"어떤 일이든 오랫동안 반복하면 **지루한** 감정을
느끼게 돼. 그런데 그걸 이겨 내고 계속하면
조금 더 깊이 배울 수 있게 되는 거야."

"같은 책을 반복해서 읽으면 **지루하지**. 지루하다는 건
무언가에 대해서 잘 알게 되었다는 의미도 있어."

무관심하다 : 무심하다

무관심하다 「형용사」 관심이나 흥미가 없다.
무심하다 「형용사」「1」 아무런 생각이나 감정 따위가 없다. 「2」 남의 일에 걱정하거나 관심을 두지 않다.

 언어의 수준이 높은 부모라면, '무관심하다'가 매우 긍정적인 말이라는 사실을 알고 계실 겁니다. 무관심하다는 표현이 흥미로운 이유는 반대로 생각해 보면 '관심이 있는 다른 분야가 있다'라는 증거이기 때문입니다. 이를테면 "너는 영어에는 관심이 많은데, 수학에는 관심이 없는 것 같아."라는 식으로 표현할 수 있죠. 아이들에게 말할 때는 더욱 조심해야 합니다. "넌 수학에는 왜 이렇게 관심이 없는 거야!"와 같이, 아이가 무관심한 영역에 대해서만 말하면 아이는 지적당한다고 오해할 수 있습니다. 앞선 대화의 예시처럼, 아이가 관심 있어 하는 분야도 함께 이야기해 주는 게 좋습니다. 반면 무심하다는 말은 모든 분야에 관심이 없는 상태를 말합니다. 생각과 감정이 모두 없는 상태를 의미하죠. 그래서 더욱 부모의 섬세한 접근이 필요합니다.

일상 활용법

여기 하나 매우 중요한 지점이 있습니다. 그건 바로 '무심하다'라는 말이 보통 사람을 향해 있다는 사실입니다. "엄마가 청소하느라 이렇게 고생하는데 넌 어쩌면 엄마한테 이렇게 무심할 수 있니?" 무심한 아이의 일상을 좀 더 분명하게 표현하자면, 자신의 일도 그렇지만 남의 일에도 관심이 없습니다. 그래서 이 아이의 하루에는 그다지 특별한 일이 없습니다. 생각도 감정도 일어나지 않으니 경험도 쌓이지 않는 겁니다. 무심하게 보낸 시간이 길어지면 무기력에 빠질 수도 있습니다. 무엇을 보거나 행해도 별다른 마음이 일어나지 않는다는 게 더욱 문제입니다. 그래서 무심한 아이가 있다면 더욱 '무관심하다'라는 말을 효율적으로 사용해 사람을 향한 관심도 갖게 해 줘야 합니다.

"자기 일은 꼼꼼히 챙기는 반면에 주위 사람들에 대해서는 무심한 사람이 있어."

"가까이 다가가서 관찰하면 무관심했던 것들에도 관심을 가질 수 있게 돼."

"엄마, 아빠가 몸이 아플 때 자식이 무심하면 마음까지 아플 거야."

"무심하게 던진 한마디가 친구 마음을 아프게 할 수 있으니 조심해야 해."

필사하며 마음에 새기기

"자기 일은 꼼꼼히 챙기는 반면에
주위 사람들에 대해서는 **무심한** 사람이 있어."

"가까이 다가가서 관찰하면 **무관심했던** 것들에도
관심을 가질 수 있게 돼."

"엄마, 아빠가 몸이 아플 때 자식이 **무심하면**
마음까지 아플 거야."

"**무심하게** 던진 한마디가 친구 마음을
아프게 할 수 있으니 조심해야 해."

3장: 어둡게 가라앉은 아이의 마음을 다독여 주는 감정 어휘

불행하다 : 비참하다

불행하다   「형용사」 행복하지 아니하다.
비참하다   「형용사」 더할 수 없이 슬프고 끔찍하다.

    일상에서 행복과 불행이라는 표현을 자주 사용하다 보니, 불행이라는 감정이 얼마나 인간에게 유해한지 인지하지 못할 때가 많습니다. '불행하다'라는 말과 '비참하다'라는 말은 모두 슬픔과 고통을 의미한다는 점에서 감정의 방향은 같지만, '희망'이라는 측면에서 볼 때 전혀 느낌이 다른 말입니다. 먼저 불행하다는 말은 듣기만 해도 느껴지는 강력한 부정적인 의미를 담고 있습니다. 어떤 시도를 한 결과로 느낀 감정이 아니라서, 다른 시도를 통해서 벗어날 수도 없기 때문입니다. 하지만 비참하다는 말은 조금 다릅니다. 좀 더 나아지기 위해서 무언가를 했지만 여전히 마음처럼 되지 않을 때 느끼는 감정이라, 이어지는 시도를 통해서 충분히 벗어날 수 있기 때문입니다. 단지 고통이나 슬픔에 머무르는 게 아니라, '이 상황을 바꾸고 싶다', '어떻게든 벗어나고 싶다'라는 마음이 드는 역동적인 감정이죠. 불행은 그저 희망이 없어 단념된 상태를 말하기 때문에 마음을 바꾸지 않는다면 변화를 기대할 수 없습니다. 그런데 비참함이라는 감정은 잘 활용한다면 얼마든지 희망의 디딤대가 될 수 있습니다.

일상 활용법

　주변에서 누군가 실패하거나, 책이나 방송 속 인물이 자신의 어려움을 털어놓았을 때, 아이와 이런 대화를 나눌 수 있죠. "비참한 상태에 빠진 이유가 뭘까?", "왜 비참하다고 생각해?", "상황이 나아지려면 어떻게 해야 할까?" 이렇게 말이죠. 우리는 살면서 너무나 쉽게 불행하다는 말을 합니다. '아, 난 왜 이렇게 불행한 걸까?' 그런데 사실 너무 위험한 말입니다. 행복과 불행에는 따로 정답이 없습니다. 결국 저마다의 성향이나 세상을 바라보는 시각에 의해 결정이 되는데, 매번 불행하다고만 생각한다면 그 안에서 벗어나기 힘들기 때문입니다. 그런데 여기서 아이가 '비참함'이라는 감정과 표현을 안다면 아이의 생각을 오히려 긍정적으로 자극할 수 있습니다. 상황을 진단하고 문제점을 파악하며 결국 방법을 찾아내는 과정까지 자연스럽게 설명을 요구할 수 있기 때문이죠. 행복하지 않은 지금의 상태를 단순히 "난 지금 불행해."라는 말로만 표현하지 말고, 그렇게 생각하는 원인까지 되짚어 보게 해 주세요. 아이가 희망과 기쁨을 찾아내는 하루를 보낼 수 있습니다.

💬

"너무 가난해서 집에 먹을 게 없다면, 그 부모님의 마음이 얼마나 비참할까."

"네가 그런 비참한 상황이라면 마음이 어떨 것 같아?"

"그냥 불행하다고만 말하면 상황은 조금도 나아지지 않아. 하지만 왜 그렇게 생각하는지 이유를 설명할 수 있다면 스스로 극복할 수도 있고 상황이 나아질 수도 있지."

필사하며 마음에 새기기

"너무 가난해서 집에 먹을 게 없다면,
그 부모님의 마음이 얼마나 **비참할까**."

"네가 그런 **비참한** 상황이라면 마음이 어떨 것 같아?"

"그냥 **불행하다고만** 말하면 상황은 조금도
나아지지 않아. 하지만 왜 그렇게 생각하는지
이유를 설명할 수 있다면 스스로 극복할 수도 있고
상황이 나아질 수도 있지."

막막하다 : 안타깝다

막막하다 「형용사」「2」의지할 데 없이 외롭고 답답하다. 「3」꽉 막힌 듯이 답답하다.
안타깝다 「형용사」뜻대로 되지 아니하거나 보기에 딱하여 가슴 아프고 답답하다.

생각해 보면 거의 대부분의 긍정적인 감정의 시작은 부정적인 감정이었습니다. 슬픈 시간이 지나야 기쁜 시간이 오고, 고통이 지나가야 즐거운 시간이 찾아오죠. 아이에게 그 과정을 겪는 시간이 얼마나 가치 있는 일인지 알려 줄 수 있다면 더욱 탄탄한 내면의 소유자로 성장할 수 있을 겁니다. 그렇다면 걷기, 달리기, 시험과 같은 도전에 실패한 아이에게 어떤 말을 들려줄 수 있을까요? 같은 상황에서 "너 하는 걸 보니 참 막막하다. 대체 그걸 왜 못하는 거야?"라는 말보다는 "열심히 했는데 잘 안돼서 엄마 마음이 안타깝다."라는 말이 아이에게 위로가 될 수 있겠죠. 막막함은 꽉 막힌 듯 답답하고, 또 의지할 데 없이 외로운 마음입니다. 그런데 안타까움은 그 답답한 마음 안에 잘되기를 바라는 사랑과 애정이 듬뿍 담겨 있죠. 그래서 "네가 지금 막막해하는 걸 보니 엄마 마음도 안타깝단다."라고 이야기하면, 아이의 마음에 공감하면서 부모의 마음도 함께 설명해 줄 수 있습니다. 부모의 작은 한마디가 아이에게는 살아갈 힘이 될 수 있다는 사실을 잊지 마세요.

일상 활용법

아이가 아주 오랫동안 공들여서 장난감을 만드는 모

습을 보면 부모는 이렇게 말합니다. "열심히 하는데 어렵나 보네? 어떻게 해야 할지 모르겠어서 막막하지?" 답답해하는 아이의 감정에 이렇게 '막막함'이라는 이름을 붙여 설명해 줄 수 있습니다. 그런데 여기서 더 나아가 아이의 마음을 격려할 줄 아는 부모는 여기서 자신의 감정도 함께 아이에게 말해 줍니다. "네가 그렇게 최선을 다하는데 결과가 잘 나오지 않아서 내 마음도 안타까워." 노력하는 아이를 응원해 주고 싶은 부모의 마음은 늘 같습니다. 아이는 부모의 사랑하는 감정을 느낄 때 더 큰사람으로 성장하게 됩니다.

"이번 시합에서 1등을 놓친 게 안타깝지만, 그래도 기특해. 참 잘했어."

"네가 원하는 대로 되지 않아서 앞으로가 막막한가 보

구나. 그래도 우리 같이 힘내 보자."

"속이 막막할 땐 크게 숨을 한 번 내쉬고 다시 해 보는 거야."

"힘들어하는 친구를 보니 네 마음도 안타까운가 보구나."

필사하며 마음에 새기기

"이번 시합에서 1등을 놓친 게 **안타깝지만**,
그래도 기특해. 참 잘했어."

"네가 원하는 대로 되지 않아서
앞으로가 **막막한가** 보구나.
그래도 우리 같이 힘내 보자."

"속이 **막막할** 땐 크게 숨을 한 번 내쉬고
다시 해 보는 거야."

"힘들어하는 친구를 보니
네 마음도 **안타까운가** 보구나."

3장: 어둡게 가라앉은 아이의 마음을 다독여 주는 감정 어휘

속이 타다 : 염려하다

속이 타다 「구」 걱정이 되어 마음이 달다.
염려하다 「동사」 앞일에 대하여 여러 가지로 마음을 써서 걱정하다.

 당장 잘하는 것보다 중요한 건 끝까지 포기하지 않는 마음입니다. 부모의 말을 통해서 이 사실을 깨닫게 된 아이는 '염려하다'라는 말을 이전과 다르게 받아들이게 됩니다. 걱정해서 포기할 일이 아닌, 좀 더 신경을 써서 걱정스러운 부분을 지우고 결국에는 해내야 하는 일로 생각하게 되죠. '속이 타다'라는 말도 비슷합니다. 걱정되어 마음이 조급해지는 감정을 표현한 말이지요. 그런데 걱정이 된다는 건 오히려 무언가를 이루기 위해 노력한 후 기대하고 있는 현재 상태를 의미합니다. 보이는 부분이 아닌 그 안에 녹아 있는 시간과 과정을 볼 수 있다면, 이렇게 아이에게 긍정적인 부분을 알려 줄 수 있습니다.

일상 활용법

어떤 아이들은 말버릇처럼 "나는 왜 이렇게 재수가 없지!", "운도 진짜 없네!"라는 말을 합니다. 부정적인 일이 조금이라도 일어나면 그 모든 것이 다 나쁜 신호라고 해석해서 그렇습니다. 하지만 아이가 속이 타고 염려하는 이유는 모두 어딘가에 마음을 쓰고 '걱정하기' 때문입니다. 잘하고자 해서 드는 애간장 타는 마음이란 얼마나 귀한 감정인가요? 그러니 아이가 자신의 상황에 대해 부정적으로 표현한다면, "너는 재수가 없거나 운이 없는 게 아니야. 더 잘하고 싶은 마음에 속이 타서 그런 거야." 이렇게 아이의 감정을 정확히 설명해 주세요. 사람들이 부정적으로 해석하는 상황들 안에서 긍정의 흔적을 찾아 아이가 이해할 수 있는 말로 들려준다면, 아이들은 희망과 기대를 가슴에 품은 어른으로 자라날 수 있게 됩니다.

"실수할까 봐 염려한다고 좋은 점수를 받는 게 아니야. 그 시간을 아껴서 공부를 해야 원하는 결과를 얻을 수 있지."

"태어나서 처음 라면을 끓일 땐 잘못 만들까 봐 누구라도 염려할 수 있지. 조금만 신경을 쓰면 정말 맛있는 라면이 완성될 거야."

"내일 기다리던 여행을 떠나는 날인데 갑자기 비가 오니 엄마 마음까지 속이 탄다. 기다리던 날이니까 그래도 날씨가 좋아지길 기도하자."

필사하며 마음에 새기기

"실수할까 봐 **염려한다고** 좋은 점수를 받는 게 아니야.
그 시간을 아껴서 공부를 해야 원하는 결과를 얻을 수 있지."

"태어나서 처음 라면을 끓일 땐 잘못 만들까 봐
누구라도 **염려할** 수 있지. 조금만 신경을 쓰면
정말 맛있는 라면이 완성될 거야."

"내일 기다리던 여행을 떠나는 날인데 갑자기 비가 오니
엄마 마음까지 **속이 탄다.** 기다리던 날이니까
그래도 날씨가 좋아지길 기도하자."

냉소적이다 : 냉정하다

냉소적 「명사」 쌀쌀한 태도로 업신여기어 비웃는 것.
냉정하다 「형용사」 태도가 정다운 맛이 없고 차갑다.

   냉정하다는 말이 현실을 지나치게 이성적이고 차갑게 바라보는 태도를 표현한 말이라면, 냉소적이라는 말은 여기에 더해서 상황을 언제나 부정적이고 비판적으로 바라보는 태도를 표현한 말입니다. 그래서 냉소적인 사람은 타인을 업신여기며 비웃는 것처럼 보이죠. 냉정하다는 말은 나쁜 게 아닙니다. 냉정한 사람들은 그저 다정하고 따스한 시선으로 대상을 바라보지 못할 뿐이죠. 나빠서가 아니라, 그런 경험이 없어서 하지 못할 뿐입니다. 어떤 상황에서도 감정에 휘둘리지 않고 침착하게 행동하기에 오히려 신뢰를 주기도 합니다. 하지만 냉소적인 태도에는 분명 문제가 있습니다. 논리와 사실로 자신을 무장한 건 좋지만, 그런 태도가 타인을 비난하고 무시하는 이유가 될 수는 없으니까요. 냉소적인 사람은 타인을 믿기보다 그 속에 숨은 의도나 허점을 먼저 의심하고 심지어 선한 의도마저 "어차피 다른 이유가 있어서 저래."라는 식으로 가치를 희석합니다. 세상과 사람을 대하는 아이의 태도를 건강하고 바람직하게 만들어 주고 싶다면 두 감정 어휘는 꼭 제대로 활용해야 합니다.

일상 활용법

아이의 냉정한 태도가 나쁜 건 아니지만, 그냥 두면

나중에는 냉소적인 사람으로 바뀔 수 있습니다. 지식을 아는 것도 중요하지만, 정말 소중한 건 사람의 마음을 아는 일이라는 사실을 알려 주어야 합니다. 세상에는 그냥 지식을 쌓는 사람도 있지만, 누군가를 돕기 위해 탐색하듯 지식을 찾는 사람도 있습니다. 지시과 정보, 그리고 모든 살아가는 과정 안에 사람이 있다는 사실을 알려 주세요. 또한 엄마, 아빠가 일상에서 좀 더 다정한 말을 들려주는 것도 참 좋은 방법입니다. 아래 소개하는 이런 방식의 말로 다정한 마음의 가치를 알려 줄 수 있다면, 마음도 따뜻한 사람으로 성장하게 될 것입니다.

"아무리 아는 게 많아도 사람을 우습게 보는 냉소적인 말투로 이야기를 하면 정이 가지 않아."

"대화를 나눌 때 침착하고 냉정한 것도 좋지만, 따뜻하게 웃으며 다정하게 말하면 더 소통이 잘될 거야."

"위급한 상황에서는 냉정하게 생각하고 행동하는 게 좋지. 하지만 보통의 일상에서는 넓은 마음을 갖고 살아야 행복해."

"아무리 호감이 가도 냉정하게 말하면 사람 마음을 멀어지게 만들어."

필사하며 마음에 새기기

"아무리 아는 게 많아도 사람을 우습게 보는
냉소적인 말투로 이야기를 하면 정이 가지 않아."

"대화를 나눌 때 침착하고 **냉정한** 것도 좋지만,
따뜻하게 웃으며 다정하게 말하면
더 소통이 잘될 거야."

"위급한 상황에서는 **냉정하게** 생각하고
행동하는 게 좋지. 하지만 보통의 일상에서는
넓은 마음을 갖고 살아야 행복해."

"아무리 호감이 가도 **냉정하게** 말하면
사람 마음을 멀어지게 만들어."

4장

마음이 단단하고 다정한
아이로 자라나게 해 주는
감정 어휘

미안하다 : 감동하다

미안하다 「형용사」「1」남에게 대하여 마음이 편치 못하고 부끄럽다.
감동하다 「동사」크게 느끼어 마음이 움직이다.

 마음이 단단한 아이의 특징 중 하나가 바로 미안하다는 말을 할 용기를 낼 수 있다는 사실입니다. '미안하다'라는 말이 단순한 사과의 표현이라고 생각하기 쉽지만, 사실 이 말 속에는 자기 성찰, 타인에 대한 배려, 감정을 솔직하게 전할 용기가 모두 담겨 있습니다. 미안한 마음은 누구나 동일하게 느낍니다. 다만 어떤 사람은 미안하다는 표현을 몰라서 못하거나, 괜히 고개를 숙이는 기분이 들어서 하지 않죠. 자신이 작아지는 것 같고, 약해 보일까 봐 두려워지기 때문입니다. 또한, 다정한 아이의 특징 중 하나는 주변에 일어나는 작은 일에도 크게 감동할 줄 안다는 사실이죠. 감동은 쉽게 일으킬 수 있는 감정이 아닙니다. 상대가 들려준 말과 행동에 좋은 의미를 부여할 수 있거나, 그 안에 녹아 있는 따뜻한 마음을 느낄 수 있어야 비로소 감동할 수 있습니다. 아이에게 미안한 감정을 알려 주는 건 단단한 마음을 가진 사람으로 성장시키는 가장 좋은 방법이고, 감동스럽다는 말을 알려 주는 건 다정한 사람으로 키울 수 있는 가장 좋은 방법이죠.

일상 활용법

일상에서 자주 사용하는 흔한 감정이라고 생각할 수

도 있습니다. 하지만 세상에 흔한 감정은 없다는 사실을 알고 계셔야 합니다. 미안한 감정을 느끼고, 무언가에 감동한다는 건 마음이 단단하고 다정한 사람만이 해낼 수 있는 근사한 일이니까요. "미안해.", "감동했어."라는 말을 가르쳐 주는 것은 말보다 그 안에 숨어 있는 더 큰 가치를 전하는 것입니다. 예문으로 제시한 것처럼 다채롭게 표현할수록 더 좋으니, 아이와 나누는 일상 속에서 최대한 다양하게 감정을 표현하려고 노력해 보세요. 아이가 느끼는 감정의 세계가 무미건조한 단어들로만 채워지지 않도록 부모는 감정의 깊이를 더해 주는 단어들을 아이에게 건네주어야 합니다.

"나와 다른 부분을 이해하고 받아들이는 친구를 보면 언제나 감동스러워."

"힘든 상황에서도 다정하게 말해 주는 부모님을 보면 감동스러워서 나도 부모님께 조금이라도 더 친절하게 말하게 돼."

"이기고 지는 건 중요하지 않지. 누구든 먼저 미안하다고 말하면 친구 관계가 나빠질 수 없어."

"현명하면서도 겸손한 사람들은 잘못했을 때 바로 미안하다고 말해. 늦으면 늦을수록 자신에게 손해라는 사실을 잘 알고 있으니까."

필사하며 마음에 새기기

"나와 다른 부분을 이해하고 받아들이는
친구를 보면 언제나 **감동스러워**."

"힘든 상황에서도 다정하게 말해 주는
부모님을 보면 **감동스러워서** 나도 부모님께
조금이라도 더 친절하게 말하게 돼."

"이기고 지는 건 중요하지 않지. 누구든 먼저
미안하다고 말하면 친구 관계가 나빠질 수 없어."

"현명하면서도 겸손한 사람들은 잘못했을 때
바로 **미안하다고** 말해. 늦으면 늦을수록 자신에게
손해라는 사실을 잘 알고 있으니까."

용서하다 : 화해하다

용서하다 「동사」 지은 죄나 잘못한 일에 대하여 꾸짖거나 벌하지 아니하고 덮어 주다.
화해하다 「동사」 싸움하던 것을 멈추고 서로 가지고 있던 안 좋은 감정을 풀어 없애다.

 용서와 화해는 아이 삶에 매우 중요합니다. 세상에는 용서할 수 없는 일도 있는 법이고, 용서한다고 모두 화해할 수는 없기 때문입니다. 관계에 있어서 타인을 대하는 태도의 기준으로 삼을 수 있는 감정 어휘라서 더욱 중요하죠. 용서는 잘못을 '덮어 주는 것'이라면, 화해는 안 좋은 감정을 '풀어 없애는 것'입니다. 친구의 잘못을 용서한다는 말과 친구와 화해한다는 말은 방향이 완전히 다릅니다. 이 부분은 부모님이 꼭 알고 계셔야 합니다. 화해가 사람을 향한다면, 용서는 그 사람의 잘못된 말과 행동을 향합니다. 때문에 용서가 우선이고, 그다음에는 화해로 연결된다고 볼 수 있습니다. 그 사람의 잘못된 말과 행동을 먼저 용서하는 마음이 있어야, 그 사람에게 품었던 안 좋은 감정도 마저 풀어 없앨 수 있기 때문입니다.

일상 활용법

용서한다고 바로 화해할 수 있는 건 아닙니다. 용서는 아직 화가 풀리지는 않았지만 일단 덮어 두는 행위이기 때문입니다. 완전히 풀어서 없애야 화해가 가능해지는 거죠. 아이들의 일상에서는 다툼이 많이 일어나기 때문에 부모가 이런 마음의 순서를 제대로 알아야 아이의 감정을 이해할 수 있습니다. 행여 아이가 누군가를 용서했다는 이유로 무턱대고 화해를 강요하면 아이는 혼란스러울 수밖에 없습니다. "자, 용서했으니 서로 악수하는 거야! 이제 화해했으니까 가서 즐겁게 놀아." 이런 말은 좋지 않습니다. 아이의 마음을 살피지 않은 말이니까요. 아래 예문을 참고해 주세요.

"잘못한 친구를 용서하는 것과 화해하는 건 다른 문제야. 먼저 용서한 다음에 마음이 풀리면, 그때 화해하면 되는 거야."

"세상에는 절대로 용서할 수 없는 일도 있어. 모든 것을 다 용서할 필요는 없으니까 너무 부담을 가지지는 마."

"누군가에 대한 분노를 굳이 마음에 담고 있을 필요는 없어. 그냥 용서하고 덮어 두는 게 내 마음을 위해 좋아."

"시간이 지나면 화났던 기억이 사라질 때가 올 거야. 그땐 편안하게 화해를 하면 돼."

필사하며 마음에 새기기

"잘못한 친구를 **용서하는** 것과 **화해하는** 건 다른 문제야.
먼저 용서한 다음에 마음이 풀리면,
그때 화해하면 되는 거야."

"세상에는 절대로 **용서할** 수 없는 일도 있어.
모든 것을 다 용서할 필요는 없으니까
너무 부담을 가지지는 마."

"누군가에 대한 분노를 굳이 마음에 담고 있을 필요는
없어. 그냥 **용서하고** 덮어 두는 게 내 마음을 위해 좋아."

"시간이 지나면 화났던 기억이 사라질 때가 올 거야.
그땐 편안하게 **화해를** 하면 돼."

행복하다 : 만족하다

행복하다 「형용사」생활에서 충분한 만족과 기쁨을 느끼어 흐뭇하다.
만족하다 「형용사」「1」마음에 흡족하다. 「2」모자람이 없이 넉넉하다.

　우리는 누구나 행복하기를 바랍니다. 그러나 모두가 행복한 건 아니죠. 행복이라는 감정은 왜 이토록 느끼기 어려울까요? 그 답은 바로 '만족하다'라는 말에 있습니다. 행복은 누가 선물처럼 주는 게 아닙니다. 스스로 만족할 때 비로소 행복해지는 거죠. 그래서 스스로 만족할 수 있는 아이는 살면서 어디에서든 행복할 일을 발견합니다. 늘 밝게 웃는 잘 자란 아이로 키우고 싶다면 반드시 알려 줘야 하는 감정 어휘입니다. 핵심은 '만족'이라는 감정이 지극히 주관적인 기준으로 결정된다는 사실에 있습니다. 어떤 사람에게는 만족스러운 결과가, 또 다른 누군가에게는 불만족스러운 결과로 느껴질 수 있죠. 이게 바로 모두가 행복하기를 원하지만 모두가 행복해질 수 없는 이유입니다. 모든 아이는 다 다릅니다. 그래서 더욱 '만족'이라는 감정을 부모가 적절히 표현할 수 있어야, 아이가 스스로 자기 삶에서 행복을 손에 잡을 수 있습니다.

일상 활용법

실제로 밝게 잘 자란 아이들을 키우는 부모님들을 만나면, 그들 모두가 놀랍게도 일상에서 만족한다는 말을 멋지게 사용한다는 사실을 알게 됩니다. 그걸 해내지 못하는 부모들은 늘 자신이 불행하다고 생각합니다. 그건 실제로 그들이 불행한 것이 아니라, 자신이 행복하다는 사실을 깨닫지 못하기 때문입니다. 그 이유가 바로 '만족'이라는 감정 어휘를 제대로 사용하지 못하기 때문이죠. 단어 하나를 제대로 사용하는 것만으로도 이렇게 일상 속 작은 행복을 느낄 수 있습니다. 아래 예문을 필사하시며 앞으로는 더욱 섬세하게, 만족한다는 말을 자주 사용해 주세요.

"큰 걸 갖고 있어도 만족하지 못하면 행복할 수가 없어. 하지만 작은 것에도 만족할 수 있다면 매일 행복하지."

"기준을 조금만 낮추면 언제든 하루하루 만족하면서 살 수 있어."

"남들이 만족한다고 눈치를 보며 나도 같이 만족할 필

요는 없어. 각자의 기준은 다른 거니까. 달라서 특별한 거야."

"가진 게 없어서 불행하다는 생각이 들 땐, 내가 갖고 있는 걸 생각해 보는 거야. 그게 스스로 행복해지는 비결이지."

필사하며 마음에 새기기

"큰 걸 갖고 있어도 **만족하지** 못하면 **행복할** 수가 없어.
하지만 작은 것에도 만족할 수 있다면 매일 행복하지."

"기준을 조금만 낮추면 언제든 하루하루
만족하면서 살 수 있어."

"남들이 **만족한다고** 눈치를 보며 나도 같이
만족할 필요는 없어. 각자의 기준은 다른 거니까.
달라서 특별한 거야."

"가진 게 없어서 불행하다는 생각이 들 땐,
내가 갖고 있는 걸 생각해 보는 거야.
그게 스스로 **행복해지는** 비결이지."

고맙다 : 감사하다

고맙다   「형용사」남이 베풀어 준 호의나 도움 따위에 대하여 마음이 흐뭇하고 즐겁다.
감사하다   「동사」고맙게 여기다. 「형용사」고마운 마음이 있다.

'고맙다'와 '감사하다'라는 말은 같은 감정이 담겼지만 다른 표현입니다. 두 단어 모두 다른 사람의 말이나 행동에 흐뭇하고 즐거운 마음이 드는 것을 말하죠. 감정의 근원은 같지만 그 표현의 깊이는 다릅니다. 감사하다는 말은 누구나 할 수 있는 일반적인 표현입니다. 누구에게

나, 어떤 상황에서나 무난하고 자연스럽게 사용할 수 있죠. 그런데 고맙다는 말은 좀 더 수준이 높은 사람만이 할 수 있는 귀한 표현입니다. 감사하다는 말이 기계적으로 딱딱하게 내뱉게 되는 표현이라면, 고맙다는 말은 남이 베푼 호의나 도움을 발견할 안목을 먼저 가져야 하고, 덧붙여 고개를 숙여 고마움을 표현할 겸손한 태도까지 지녀야 가능한 표현이기 때문입니다.

일상 활용법

쉽게 설명하자면 이렇습니다. 누군가 내게 빵을 준다면 그건 감사한 일입니다. 그리고 빵 부스러기를 흘리지 않도록 예쁜 접시에 받쳐서 준다면 그건 고마운 일입니다. 그래서 고맙다는 말은 다른 수준의 말입니다. 누구든 빵을 그냥 건네줄 수 있지만, 그 빵을 예쁜 접시에 받쳐서 주는 데는 상대방의 사정과 감정까지 헤아리고자 하는 의도가 담겨 있기 때문입니다. 그러나 상대방이 아무리 좋은 마음으로 예쁜 접시를 받쳐서 준다 해도 그걸 받는 사람이 그 호의와 배려를 알아차리지 못한다면 고마운 일은 그저 허공으로 사라지게 됩니다. 그래서 감사할 일은 모두에게 생기지만, 고마운 일은 그걸 알아차릴 수 있는 사람에게만 주어집니다. 따라서 감사함은 예의이고, 고마움은 마음입니다.

"감사한 일은 그냥도 생기지만, 고마운 일은 직접 만들어야 생기는 거야."

"친구가 너에게 베푼 배려를 알아차리고 고마운 마음을 전하는 건 매우 소중한 태도야."

"감사하다는 말도 소중해. 그런데 고맙다는 말은 그보다 형식적이지 않고 정말 마음을 꺼내는 느낌이 들어. 쉽게 들려줄 수 없는 말이라 더 귀하지."

"힘들 때 도와준 친구에게 고마운 마음을 표현하면 서로의 관계도 더 좋아져."

필사하며 마음에 새기기

"**감사한** 일은 그냥도 생기지만,
고마운 일은 직접 만들어야 생기는 거야."

"친구가 너에게 베푼 배려를 알아차리고
고마운 마음을 전하는 건 매우 소중한 태도야."

"**감사하다는** 말도 소중해. 그런데 **고맙다는** 말은
그보다 형식적이지 않고 정말 마음을 꺼내는
느낌이 들어. 쉽게 들려줄 수 없는 말이라 더 귀하지."

"힘들 때 도와준 친구에게 **고마운** 마음을 표현하면
서로의 관계도 더 좋아져."

다정하다 : 친절하다

다정하다　「형용사」 정이 많다. 또는 정분이 두텁다.
친절하다　「형용사」 대하는 태도가 매우 정겹고 고분고분하다.

'다정하다'라는 말은 이번 책에서 꼭 다루고 싶었던 감정 어휘입니다. 다정한 엄마, 아빠, 다정한 아이, 다정한 가정을 만들면 그 안에서 얼마나 아름다운 일이 많이 생길까요. 단어를 제대로 알아야 그 감정도 소유할 수 있겠죠. 먼저 의미를 살펴보겠습니다. 친절함과 다정함은 어떻게 다를까요? 그 범위와 온도에서 차이가 있습니다. 친절함은 모든 사람에게 보여 줄 수 있습니다. 처음 만난 사람에게도, 낯선 이웃과 공공장소에서 만난 타인에게도 보일 수 있는 보편적인 감정 표현이죠. 반면, 다정함은 소수의 소중한 사람들에게만 건네는 특별한 감정 표현이라고 할 수 있습니다. 가장 가까운 사람들에게 가장 귀하게 줄 수 있는 선물이 바로 다정한 마음입니다. 친절함은 모두에게 공평하게 베풀 수 있는 예의와 배려이지만, 다정함은 소중한 몇몇 사람들에게 아끼고 아껴서 주는 마음이라 더욱 귀하다고 볼 수 있습니다.

일상 활용법

그렇다고 친절하다는 말이 가치가 없는 건 아닙니다. 뭐든 과정이 필요하죠. 처음부터 가까워서 다정한 말을 들려줄 수 있는 사이는 없습니다. 친절하게 길을 가르쳐 주고, 또 친절하게 모르는 것에 답해 주며 아주 조금씩 가까운 사이가 될 수 있는 거니까요. 시간이 지나 더 친밀한 사이가 되었을 때, 그 친절함은 다정함으로 바뀌어 있다는 걸 느낄 수 있습니다. 아이에게 그 관계의 법칙을 알려 주시면 좋습니다. 모두에게 친절한 마음을 전하면 그 안에서 다정한 말을 들려줄 소중한 사람들을 발견하게 된다는 멋진 사실을 말이죠.

"내게 소중하고 가까운 사람일수록 더 다정한 말을 들려주는 게 좋아."

"마음이 힘들 땐 다정한 말 한마디가 다시 일어설 힘을 주는 법이야."

"손님들에게 친절한 식당에 가면 기분까지 좋아져."

"친구들에게 친절한 아이들은 언제나 인기가 좋지. 친절한 사람들에게는 더 가까이 다가가고 싶어지니까."

필사하며 마음에 새기기

"내게 소중하고 가까운 사람일수록
더 **다정한** 말을 들려주는 게 좋아."

"마음이 힘들 땐 **다정한** 말 한마디가
다시 일어설 힘을 주는 법이야."

"손님들에게 **친절한** 식당에 가면 기분까지 좋아져."

"친구들에게 **친절한** 아이들은 언제나 인기가 좋지.
친절한 사람들에게는 더 가까이 다가가고 싶어지니까."

태평하다 : 여유롭다

태평하다 「형용사」「2」마음에 아무 근심 걱정이 없다.
여유롭다 「형용사」여유가 있다.

　지혜로운 임금이 나라를 잘 다스려 살기 좋은 세상이 되었다는 의미로 태평성대(太平聖代)라는 말이 있습니다. 부모가 아이에게 여유로움의 의미와 가치를 제대로 알려 준다면 아이는 자기 삶에서 태평성대를 즐기고, 스스로를 잘 다스릴 수 있는 지혜로운 아이로 자랄 수 있죠.

우리는 마음의 여유가 있을 때 안정되고 근심이 없는 태평한 삶을 살아갈 수 있습니다. 여유가 있어야 그 과정과 결과까지 좋아지는 법이니까요. 아무리 실력이 뛰어나도 여유가 없다면 진짜 능력을 보여 줄 수 없고, 오히려 자꾸만 더 여유를 찾지 못하는 악순환에 빠지게 됩니다. 그러니 순서를 기억해 주세요. 여유로운 마음을 가질 때 태평하게 지낼 수 있습니다.

> **일상 활용법**

여유는 쉽게 누릴 수 있는 감정이 아닙니다. 여러분도 아마 이런 경험을 매일 하고 계실 겁니다. '내가 지금 여유를 부릴 때가 아닌데…', '쉴 시간에 뭐라도 해야 할 것 같은데…' 이러한 생각들이 우리가 여유로움을 두려워하고 불안하게 여기게 되는 감정 패턴입니다. 맞아요. 여유는 자신에게 허락하는 가장 고귀한 시간이라서, 스스로 강한 의지가 없는 사람에게는 쉽게 찾아오지 않습니다. 그래서 여유를 즐기지 못하는 부모와 함께 사는 아이들은 마찬가지로 일상의 작은 여유를 즐기지 못합니다. 여유가 뭔지 잘 모르니까요. 부모가 늘 바쁘고 초조한 얼굴로 아이를 대하면 아이는 이미 삶에서 여유로움을 두려워하는 감정 회로를 배우고 있는 셈입니다. 그래서 이 감정 어휘는 부모의 실천이 가장 우선시되어야 하는 단어입니다.

"무언가를 배울 마음의 여유를 가진 사람이 가장 지혜로운 사람이야. 마음이 급해지면 보이는 게 없어서 무엇도 배울 수가 없지."

"여유는 시간이 많아야 가질 수 있는 게 아니라, 마음을 내야 가질 수 있는 거야."

"평소에 여유를 갖고 차근차근 공부한 사람들은 시험

볼 때 오히려 태평한 마음으로 문제를 풀 수 있지. 지금까지 보낸 시간이 응원해 주니까."

필사하며 마음에 새기기

"무언가를 배울 마음의 **여유**를 가진 사람이
가장 지혜로운 사람이야. 마음이 급해지면
보이는 게 없어서 무엇도 배울 수가 없지."

"**여유**는 시간이 많아야 가질 수 있는 게 아니라,
마음을 내야 가질 수 있는 거야."

"평소에 **여유**를 갖고 차근차근 공부한 사람들은
시험 볼 때 오히려 **태평한** 마음으로 문제를 풀 수 있지.
지금까지 보낸 시간이 응원해 주니까."

포근하다 : 든든하다

포근하다　「형용사」「2」 감정이나 분위기 따위가 보드랍고 따뜻하여 편안한 느낌이 있다.
든든하다　「형용사」 1 어떤 것에 대한 믿음으로 마음이 허전하거나 두렵지 않고 굳세다.

　세상에는 이렇게 입으로 발음만 해도 마음이 따뜻해지는 아름다운 말이 있습니다. 정서적으로 안정된 차분한 성격의 아이로 키우려면, 부모가 반드시 적극 활용해야 할 감정 어휘입니다. 아이는 "네가 곁에 있어서 든든하다."라는 엄마, 아빠의 말만 들어도 마음이 단단해질 겁니다. 또 사랑하는 부모의 말이 포근한 이불처럼 따뜻하다면 이보다 더 바랄 게 없겠죠. 세상이 그렇게 차갑지만은 않구나 하며 그날 하루 아이를 지켜 주는 정서적 온기가 되죠. 이렇게 생각하면 좋아요. '든든하다'라는 말은 아이를 향한 믿음에서 주로 나올 수 있는 표현이고, '포근하다'라는 말은 그런 아이를 바라보는 내 마음의 결을 느끼며 나올 수 있는 표현이죠.

일상 활용법

아이를 믿어야 한다고 말은 자주 합니다. 하지만 믿음은 그냥 결심한다고 생기는 의지의 문제가 아닙니다. 아이의 일상에서 믿음의 근거를 찾을 수 있어야, 흔들리지 않는 자연스러운 믿음이 생겨 나게 되죠. 그래서 든든하다는 표현이 소중합니다. 아이 일상에서 믿을 근거를 찾을 수 있게 도와주니까요. 이 말 속에 이미 아이의 존재 자체를 신뢰하고 지지하고 있다는 메시지가 들어 있습니다. 포근하다는 말도 마찬가지입니다. 포근하다는 말은 내 마음의 결을 느끼며 나올 수 있는 표현이라서, 자신의 내면을 차분하게 정돈하지 못하는 사람 입에서는 쉽게 나오지 않죠. '포근하다'는 말은 "지금 이 순간이 참 따뜻하고 안정적이야.", "너와 함께 있는 이 공간이 내 마음을 평화롭게 해."라는 의미를 담고 있어 듣기만 해도 따스해집니다. 이 두 단어를 통해 부모 자신의 성장도 기대할 수 있으니, 예문을 참고해서 일상에서 실천해 보세요.

"예쁜 우리 딸(아들)이 있는 덕분에 우리 집은 늘 포근해."

"서로에게 다정한 말을 들려주면, 이불을 덮고 있는 것처럼 포근한 분위기 속에서 대화를 나눌 수 있지."

"이제 앞으로는 혼자 학교에 갈 수 있겠네. 엄마 마음이 아주 든든해."

"엄마, 아빠는 언제나 뒤에 든든하게 서 있을 테니까 아무런 걱정도 하지 마."

필사하며 마음에 새기기

"예쁜 우리 딸(아들)이 있는 덕분에
우리 집은 늘 **포근해**."

"서로에게 다정한 말을 들려주면,
이불을 덮고 있는 것처럼 **포근한** 분위기 속에서
대화를 나눌 수 있지."

"이제 앞으로는 혼자 학교에 갈 수 있겠네.
엄마 마음이 아주 **든든해**."

"엄마, 아빠는 언제나 뒤에 **든든하게** 서 있을 테니까
아무런 걱정도 하지 마."

산뜻하다 : 홀가분하다

산뜻하다 「형용사」「1」 기분이나 느낌이 깨끗하고 시원하다.
홀가분하다 「형용사」「1」 거추장스럽지 아니하고 가볍고 편안하다.

 아이에게 좋은 기분을 선물하고 싶을 때 들려줄 수 있는 감정 어휘입니다. '산뜻하다'와 '홀가분하다'라는 말은 현재 마음이 시원하고 편안한 감정을 느끼는 상태를 의미한다는 공통점이 있죠. 듣기만 해도 마음속 구름이 걷히는 듯 상쾌해집니다. 그런데 다른 점이 있습니다. 산뜻함은 현재 어떤 선택이나 단순한 기분의 전환으로 느끼는 깨끗하고 시원한 감정이라면, 홀가분함은 오랫동안 마음을 짓누르던 과제나 고민이 해소되어 가볍고 편안한 느낌이 드는 감정입니다. 기나긴 과정을 거쳐 스스로의 노력으로 쟁취한 편안하고 후련한 감정이자 정서적인 보상이라고 할 수 있죠. 산뜻한 감정이 기분 좋게 앞으로 전진하는 느낌을 주는 반면에, 홀가분한 감정은 그 자리에 털썩 앉아서 기분 좋은 한숨을 쉬며 오랜만에 주어지는 가볍고 편안한 시간을 즐기는 느낌이라고 볼 수 있습니다.

일상 활용법

산뜻함은 새로운 마음, 시작의 기분, 가볍고 상쾌한 정서 상태 등 단순히 현재 어떤 선택이나 기분의 전환만으로 이루어진 좋은 기분을 말하지만, 홀가분함은 그렇지 않습니다. '홀가분하다'라는 말은 아이에게 생각보다 자주 일상에서 들려줄 수 있죠. 오랫동안 준비했던 시험이 끝난 날이나, 모든 정신을 집중했던 발표가 끝났을 때, 많은 시간과 노력을 투자한 아이를 격려하는 표현으로도 사용할 수 있기 때문입니다. 답답하게 나를 누르고 있던 부담감이라는 장막을 활짝 연 모습을 홀가분함이라는 말로 표현해 주세요. 함께 무언가를 시작하고 싶을 때는 "산뜻하게 오늘 하루를 시작해 볼까?"라고 할 수 있습니다. 아이가 긴장과 부담감에서 벗어난 순간에는 "이제 마음이 좀 홀가분해진 것 같니?"라고 물을 수 있겠죠. 기분 좋은 어휘는 감정을 새롭게 고쳐 주기도 합니다. 이 말을 들은 아이의 마음도 가볍고 편안해질 겁니다.

"오랜만에 시원하게 머리를 깎으니 아주 산뜻해 보인다."

"이번에 새로 산 로션은 끈적이지 않아서 참 산뜻하더라."

"좀 힘들었지만 숙제를 끝내고 노니까 마음이 한결 홀가분하지?"

"이번 수행평가를 위해서 정말 열심히 연습했으니까, 끝나면 막상 허전하면서도 홀가분한 기분이 들 거야."

필사하며 마음에 새기기

"오랜만에 시원하게 머리를 깎으니
아주 **산뜻해** 보인다."

"이번에 새로 산 로션은 끈적이지 않아서
참 **산뜻하더라**."

"좀 힘들었지만 숙제를 끝내고 노니까
마음이 한결 **홀가분하지?**"

"이번 수행평가를 위해서 정말 열심히 연습했으니까,
끝나면 막상 허전하면서도 **홀가분한** 기분이 들 거야."

뭉클하다 : 흐뭇하다

뭉클하다 「형용사」①「2」슬픔이나 노여움 따위의 감정이 북받치어 가슴이 갑자기 꽉 차는 듯하다.
흐뭇하다 「형용사」마음에 흡족하여 매우 만족스럽다.

두 단어가 중요한 이유는 공통적으로 '만족'할 수 있어야 느낄 수 있는 감정이기 때문입니다. 아이가 노력해서 무언가를 이루어 냈을 때 거기에 부모가 만족할 수 있어야 흐뭇한 감정도, 뭉클한 감정도 느낄 수 있죠. 아이 마음에 가닿는 진정한 격려의 말도 자연스럽게 나올 수 있을 겁니다. 맞아요, 마음에 닿는 진정한 격려가 힘든 이유도 여기에 있습니다. 격려는 단순히 멋진 단어의 조합이 아닙니다. 아이가 무언가를 해내기 위해 노력한 시간과 가치에 부모가 만족할 수 있어야, 아이 마음에 닿는 표현을 꺼낼 수 있습니다. 그럼 '뭉클하다'와 '흐뭇하다'는 무엇이 다를까요? 감정의 크기가 다릅니다. 흐뭇하다는 말은 "동생을 챙기는 모습을 보니 엄마 마음까지 흐뭇하다."라는 식으로 단순하게 기분이 좋은 상태를 표현한 어휘라면, 뭉클하다는 말은 "너도 많이 아픈데, 동생까지 챙기는 모습을 보니 엄마 마음이 뭉클해지네."라는 식으로, 기분 좋은 상태를 넘어서 감동까지 도달한 상태를 표현한 어휘입니다.

일상 활용법

일상의 중간중간 만족할 수 있는 아이는 기쁘고 신나는 소식이 끊이지 않습니다. 만족 그 자체가 스스로에게 기쁨을 선물하는 일이기 때문입니다. "이 정도면 아주 훌륭해.", "나 정말 잘했어!" 이런 말을 자신에게 매일 들려주면서 좋은 기운을 유지할 수 있으니까요. 팁을 하나 드리자면, 이런 방식으로 감정의 크기에 따라서 표현을 섬세하게 써야 더 좋습니다. 이를테면 아이가 보여 주는 모습에 기분이 좋을 때는 "오늘 멋지게 발표하는 모습을 보니 아빠 마음이 흐뭇하더라."라는 식으로 흐뭇하다는 어휘를 선택하면 좋고, 아이 행동 너머의 보이지 않는 노력이나 애씀을 발견하여 기쁠 때는 "네가 얼마나 열심히 준비했는지 아빠가 다 알고 있잖아. 네가 발표할 때, 노력했던 네 모습이 떠올라서 마음이 좀 뭉클했어."라는 식으로 뭉클하다는 어휘를 쓰면 좋습니다. 이렇게 부모가 뭉클하다는 말과 흐뭇하다는 말을 적절하게 사용할 수 있게 되면, 부모가 느낀 감동과 기쁨의 크기를 정확하게 전달할 수 있어서 좋습니다.

💬

"엄마, 아빠는 네가 열심히 노는 모습만 봐도 참 흐뭇해."

"밝게 웃으며 씩씩하게 인사하는 모습을 보니 흐뭇하다."

"네가 피아노 연주하는 모습을 보다가 마음이 뭉클해졌어. 처음에 참 어려워했었는데 열심히 연습했던 네 모습이 떠올라서."

"밝게 잘 자란 네 모습을 보면 가끔 뭉클한 마음이 들어. 보기만 해도 대견스러워서."

필사하며 마음에 새기기

"엄마, 아빠는 네가 열심히 노는
모습만 봐도 참 **흐뭇해**."

"밝게 웃으며 씩씩하게 인사하는
모습을 보니 **흐뭇하다**."

"네가 피아노 연주하는 모습을 보다가
마음이 **뭉클해졌어**. 처음에 참 어려워했었는데
열심히 연습했던 네 모습이 떠올라서."

"밝게 잘 자란 네 모습을 보면
가끔 **뭉클한** 마음이 들어.
보기만 해도 대견스러워서."

소망하다 : 염원하다

소망하다 「동사」 어떤 일을 바라다.
염원하다 「동사」 마음에 간절히 생각하고 기원하다.

인간이 가진 태도 중 가장 아름답고 숭고한 감정은 무언가를 소망하는 마음입니다. 작은 일이라도 그게 무엇이든 아이가 간절히 바라는 모습은 참 아름답죠. '소망하다'와 '염원하다' 두 단어 모두 무언가를 바라고 기원하는 마음에서 비롯된 감정입니다. 하지만 그 시작과 감정의 크기는 다르죠. '소망하다'라는 말은 주로 개인이 바라고 원하는 일이 있을 때 쓰는 표현입니다. "좋은 친구를 만나고 싶어요.", "이번 여행이 즐거웠으면 좋겠어요."와 같은 일상의 바람들이 모두 소망의 영역에 포함됩니다. 반면 '염원하다'라는 말은 그보다 크기가 커서 어떤 집단이나 단체 혹은 민족 전체가 뜻하는 일이 있을 때 쓰는 표현입니다. 민족의 독립과 세계의 평화와 같이 광대하고 무게감이 느껴지죠. '소망하다'보다는 '염원하다'라는 말이 더 강한 감정을 품고 있어서 들을 때도 전혀 다르게 들립니다.

일상 활용법

일상에서 아이에게 소망하는 마음이 무엇인지 설명하고, 이 단어를 적절하게 들려줘야 아이가 스스로 희망과 목표를 잘 설정하는 일이 얼마나 중요한지 알 수 있게 됩니다. 그리고 '염원하다'라는 말을 상황에 맞게 들려준다면 단체나 조직의 목표와 가치에 대해서도 자연스럽게 깨닫게 될 수 있겠죠. 개인을 넘어선 큰마음을 품게 될 때 아이는 공동체와 연결된 느낌을 얻습니다. 국민 전체가 관심을 갖고 지켜보는 월드컵이나 올림픽 경기에서 우리나라가 이기길 응원하는 마음, 혹은 학교에서 반 전체가 무엇인가를 함께 이루고자 준비할 때 "이 일이 잘되기를 모두가 염원하고 있어."라고 말할 수 있죠. 두 단어의 의미와 가치를 상황에 맞게 제대로 알려 줄 수 있다면, 그 아이는 살면서 평생 아름다운 것을 마음껏 꿈꾸고 또 이루어 가는 어른으로 성장할 수 있을 겁니다.

"자식이 잘되기를 소망하는 부모의 마음은 다 같지."

"새해에 소망했던 일은 잘 이루어지고 있니?"

"이번 월드컵에서 우리나라가 그토록 염원하던 4강에 올라갔어."

"수많은 사람이 함께 염원하고 있으니까 반드시 이루어질 거야."

필사하며 마음에 새기기

"자식이 잘되기를 **소망하는** 부모의 마음은 다 같지."

"새해에 **소망했던** 일은 잘 이루어지고 있니?"

"이번 월드컵에서 우리나라가 그토록 **염원하던** 4강에 올라갔어."

"수많은 사람이 함께 **염원하고** 있으니까 반드시 이루어질 거야."

아이의 감정은 선명하게 밝혀 주고
부모의 말은 풍성해지는 102가지 마음의 언어

부모의 감정 어휘력

초판 1쇄 발행 2025년 6월 19일
초판 2쇄 발행 2025년 11월 7일

지은이 김종원
펴낸이 민혜영
펴낸곳 카시오페아
주소 서울특별시 마포구 월드컵로14길 56, 3~5층
전화 02-303-5580 | **팩스** 02-2179-8768
홈페이지 www.cassiopeiabook.com | **전자우편** editor@cassiopeiabook.com
출판등록 2012년 12월 27일 제2014-000277호

ⓒ김종원, 2025
ISBN 979-11-6827-332-0 03590

이 책은 저작권법에 따라 보호받는 저작물이므로 무단 전재와 무단 복제를 금지하며,
이 책의 전부 또는 일부를 이용하려면 반드시 저작권자와 (주)카시오페아 출판사의
서면 동의를 받아야 합니다.

- 잘못된 책은 구입하신 곳에서 바꿔 드립니다.
- 책값은 뒤표지에 있습니다.